KB230715

매체환경 변화와 지상파 방송의 활로

지상파 3사의 사업다각화를 중심으로

매체환경 변화와
지상파 방송의 활로

지상파 3사의 사업다각화를 중심으로

전영범 지음

한국학술정보㈜

한국의 미디어산업은 빠르게 변화하고 있다. 그중에서도 방송 산업은 케이블TV가 도입된 1995년부터 다매체화가 진행되었고, 이후 위성방송까지 등장해 산업적인 확대 및 변화가 진행되고 있다. 세계적으로도 앞서가고 있는 한국의 정보통신 기술과 디지털 관련 투자로 성취한 정보통신 인프라를 기반으로 방송 산업은 방송과 통신의 융합 국면하에서 빠르게 진화되어 가고 있다. 뉴미디어 산업으로 확대 발전되고 있는 한국의 방송 산업은 글로벌 미디어기업의 발전전략에 비춰 볼 때 취약한 산업적 기반에 서 있는 것이 현실이다. 지상파 방송사가 이제 더 이상 안정적인 성장기반을 갖추지 못한 상황에서 위기론까지 등장하고 있는 가운데 지상파TV 3사는 사업다각화를 중심으로 수익성 제고를 위한 일정한 노력을 보여주고 있다. 이 과정에서 수익논리에 따른 무리한 사업팽창을 제한하는 '이종매체 겸영제한' 등 언론의 공익성 논리를 일정 부분 수용하면서 다각화 사업을 전개해야 하는 상황이다. 본고에서는 국내 미디어 비즈니스 환경의 변화양상 및 국내 지상파 3사가 전개해 온 수익성 강화 노력을 다각화 측면에서 분석하고, 제언을 통해 글로벌 미디어기업으로 성장하는 방안을 모색했다. 지상파 TV 3사는 수직적, 수평적 다각화 전략 및 다양한 복합형 다각화 전략을 통해 사업의 외연을 확장함은 물론, 방통 융합국면을 돌파할 수 있는 성장 동력을 마련해야 하는 현실적인 과제를 안고 있다. 지상파 방송의 미래에 대한 우려와 불확실성 가운데서도 미래를 낙관하게 하는 힘은 전통적으로 언론기관으로서 부여받은 자유와 책임을 다함은 물론, 경영효율화를 통한 재원확보 기반을 확고히 하는 데에서부터 나올 것이다.

필자는 방송광고를 통한 국내 지상파 방송사의 재원조달이 주요 업무의 하나인 한국방송광고공사(KOBACO)에 재직하면서 변화하는 미디어환경과 지상파 방송사의 재원구조 등에 대해 다각도로 고민한 결과 졸저를 펴내게 되었다. 10여 년의 재직기간 중에 KOBACO의 임직원분들은 물론, 업계의 훌륭하신 선후배님들과 맺은 소중한 인연이 저자의 지적 성장에 자양분이 되었다. 무엇보다 학위과정에서 공부할 수 있도록 배려해 주신 KOBACO 임직원 여러분과 성심껏 지도해 주신 한양대학교의 존경하는 교수님들께 감사의 말씀을 전하고자 한다. 저자의 부족함을 항상 사랑으로 포용하시는 어머님과 장모님, 사랑하는 딸 우진이와 아내에게는 늘 고맙고 미안한 마음이다.

끝으로 책의 출판을 위해 힘써주신 한국학술정보(주) 관계자분들과 표지디자인을 해주신 민병순님께 감사의 인사를 드린다.

2007년 8월

전 영 범

I. 서 론

1. 문제 제기

기술의 발달에 의해 촉발된 매체환경의 변화는 영상매체 서비스 시장의 질서와 판도를 급속히 변화시키고 있다. 1995년 케이블TV 개국을 신호로 급격히 확대된 국내 미디어시장은 2002년 위성방송 도입, 2005년 DMB 시대가 열리면서 산업 전반의 대대적인 변화를 일으키는 '미디어 빅뱅'을 연출하고 있다. 최근 수년간 인터넷 모바일 미디어의 성장 또한 주목할 만하다. 최근 수년간 신문의 위기는 언론계 나아가 광고업계에서도 계속적으로 회자되는 이슈로 일정 부분 담론의 과잉상태까지 보여 주고 있자. 여기에 더해 최근 수년 사이 지상파 방송의 위기론이 국내 미디어산업에서 중요한 이슈로 부상하고 있다.

지난 세기 주류 매체로 군림해 온 신문과 지상파 방송은 위기론이 더욱 커지고 있는 가운데, 지상파 방송은 이제 산업구도의 재편기를 맞이하고 있다고 할 수 있을 정도로 변화의 한가운데에 있다. 본 연구는 수용자, 광고시장 변화를 중심으로 한국의 미디어 산업의 변화양상을 짚어보고 지상파 TV가 격변하는 미디어 시장에서 변화된 위상으로 매체로서의 경쟁력을 확보할 수 있는 방안을 살펴보고자 한다. 특히 글로벌 미디어기업의 사업다각화 형태를 살펴보고 사업다각화 이론이 현실적으로 지상파 방송사업자에게 적용될 수 있는 공간을 모색해 수익극대화와 경영합리화에 기여할 수 있는 방안도 모색할 것이다.

지난 1991년 SBS-TV 개국 이래 정착된 지상파TV 3사 체제는 일종의 문화 권력으로까지 평가되며 한국 미디어시장의 중핵에 위치하고 있다. 이렇게 방송 3사가 방송시장을 과점하고 있는 구도는 이미 곳곳에서 균열 조짐을 보이고 있다. 이는 기술 발전에 의한 뉴미디어의 출현과 수용자의 변화된 미디어 수용형태에서 원인을 찾을 수 있겠다.

  이제 방송은 하나의 공론장에서 여론형성 기능을 담당하는 언론매체의 공익적 기능에 더해 미디어산업의 중요한 축으로 산업적으로도 복합 엔터테인먼트 산업의 한 갈래로 이해되어야 하는 측면이 있다. 지상파 방송은 단순히 보편적 서비스를 제공하는 공익적 매체라는 차원을 넘어 국가 문화산업의 경쟁력 확보와 관련된 한류(韓流)의 확산에 기여하고, 미디어 산업의 가치사슬 체계에 의한 콘텐츠 공급원으로서의 그 중요성을 고려할 때 방송산업 나아가 문화산업 전체에서 차지하는 비중이 크므로 지상파의 사업전략이나 미디어 산업 내에서 안정적인 성장은 산업전체에 막대한 영향을 미친다.

  그러므로 지상파 방송사가 미디어 컨버전스 상황에서 독자적인 생존능력을 갖추는 방안을 모색하는 것은 일개 기업 차원의 문제가 아니라 국내 미디어시장의 안정적인 성장 및 산업연관효과의 극대화를 위해서도 그 의의가 있다 하겠다.

2. 연구문제

본고의 주 연구문제는 아래와 같다.

연구문제1. 방송시장 경쟁구도 변화의 배경 및 특징은 무엇인가?

기술발전(미디어 컨버전스 현상을 중심으로)이 방송산업의 변화에 미친 영향과 경쟁구도 변화양상을 분석할 것이다. 또한, 방송사업자들의 주 수익원인 광고산업과 수용자들의 수용행태를 분석하고 미래 광고시장의 향방도 가늠할 것이다.

연구문제2. 해외 주요 방송사업자들의 사업다각화 특성은 무엇인가?

미디어산업에 있어서의 사업다각화의 본질과 글로벌 미디어 기업의 다각화사례를 일별해 보고, 국내 방송사업자에게 주는 시사점을 얻고자 한다.

연구문제3. 국내 지상파 방송사들의 사업다각화 특성은 무엇인가?

지상파 방송사들의 사업다각화 양상을 시기별·형태별로 살피고, 지상파 방송사들이 사업다각화를 통해 수익성을 제고하고 고유의 강점을 적절히 활용할 수 있는 현실적인 방안을 모색할 것이다. 또한, 비즈니스 생태계 모델 이론에 따른 국내 방송산업의 진화과정에 대해서도 살펴볼 것이다.

3. 연구방법

방송시장의 경쟁구도 변화의 배경 및 그 특징을 파악하기 위해 먼저 방송통합에 따른 방송서비스 패러다임의 변화양상을 살피고 방송산업의 주 수익원으로 중요한 하부구조의 역할을 하고 있는 광고산업의 변화방향을 살펴볼 것이다. 또한 방송시장에서의 경쟁은 제한된 수용자를 두고 쟁탈하는 것으로 이해할 수 있는데 그러한 측면에서 미디어 컨버전스에 따른 다매체화와 수용자의 수용형태를 파악하고자 한다. 즉 시청률 등 각종 지표를 활용해 매체별 수용자의 선호도를 파악할 것이며, 급성장하고 있는 신생매체의 수용자 선호도와 광고효과를 파악해 시장에서의 위상을 가늠해 볼 것이다. 이를 통해 지상파 방송의 변화된 위상을 짚어보고 위상변화의 원인과 변화과정을 상술할 것이다.

　해외 주요 방송사업자들의 사업다각화 특성을 파악하기 위해 미디어시장의 모델에 대한 이론 및 발전추세를 가늠해 보고 일반적인 미디어기업의 사업다각화 형태를 소개할 것이다. 해외 방송사업자들의 사업다각화 특성을 파악함으로써 국내 지상파 방송사의 사업다각화 방향에 대한 시사점을 얻고자 한다. 국내 지상파 방송사들의 다각화 특성을 파악하기 위해 우선, 비즈니스 생태계 모델이론에 따른 방송산업의 진화과정을 살피겠다. 이는 한국 방송산업의 발전단계를 정확히 진단하기 위함이다. 또한 독과점적인 지위를 상실하고 있는 지상파 방송 사업자들의 수익구조와 이종매체 겸영규제 등에 따른 사업다각화의 한계점을 짚어 보겠다.

　이와 함께 사업다각화의 동인이 되고 있는 지상파의 위기론의 본질과 지상파가 고유의 강점을 살릴 수 있는 방안을 모색하기 위해 한국 방송시장에서 장기간 독과점적 지위를 누릴 수 있었던 배경에 대해서 분석할 것이다. 방송산업의 역사 및 다각화 시기가 해외 방송사업자들에 비해 짧은 한국의 방송사업자들이지만, 비교적 짧은 시간에 다양한 사업다각화를 추진해 온 과정도 파악하겠다. 또한, 국내 방송사들의 사업다각화 양상을 시기별·형태별로 분석해 그 함의를 찾고자 한다. 이 과정에서 다양한 통계자료를 활용했으며, 국내외의 다양한 선행 연구자료, 기 발표된 방송사업자의 각종 사업보고서를 활용한 문헌연구를 통해 지상파 방송이 직면한 도전과 과제에 대해 짚어 보고 발전적인 제언을 도출하고자 한다.

Ⅱ. 디지털 컨버전스에 따른
방송시장의 경쟁구도 변화

1. 방통융합과 방송서비스 패러다임의 변화

이 장에서는 디지털 컨버전스가 촉발하는 방송시장에서의 다양한 변인들을 살펴봄으로써, 방송시장의 다양한 변화양상을 파악하고자 한다. 방송산업의 구조적 배경을 야기하는 융합현상은 일반적으로 방송·통신 융합의 관점에서 논의되고 있다. 이러한 융합현상은 미디어 산업의 구조적인 측면에서 중대한 변화를 야기해 네트워크의 융합, 서비스의 융합, 기업체의 융합을 필연적으로 수반하게 된다. 이는 지상파 방송 사업자에게 위기와 기회를 동시에 제공하는 상황이다. 즉 컨버전스 기술에 따라 성장한 유료방송 시장의 성장은 한정된 광고시장을 놓고 지상파 방송의 광고재원을 일정부분 잠식하는 현상을 보일 수 있으며, '지상파'플랫폼의 고전적 의미가 퇴색될 만큼 플랫폼상의 차별화를 힘들게 하는 측면이 있다. 또한 지상파 방송 사업자로서는 양질의 콘텐츠를 다양한 플랫폼으로 송출해 또 다른 후속시장을 창출하고 이에 따라 수익원의 다변화를 꾀할 수 있는 기회를 얻을 수 있는 것이다. 이러한 위기와 기회요인은 지상파 사업자의 수익성을 결정 짓는 광고시장의 변화나 수용자의 매체수용행태 등의 요소를 살펴봄으로써 구체화시킬 수 있을 것으로 본다.

먼저 방송 서비스의 패러다임을 살펴본다면, 방통융합에 따른 방송서비스 산업의 중요 패러다임 변화는 '디지털'과 '아날로그'로 대별해 구분할 수 있다. 방송의 통제권은 재화의 희소성에 기반을 둔 공급자 시장에서 다매체화에 따른 수용자, 즉 이용자 중심의 시장으로 변모하고 있으며, 유비쿼터스 환경에 따라 방송에 접근할 수 있는 시간도 변모해 종래의 프라임타임 시간의 개념이 엷어지고 있다. 또한 주 수익원인 광고시장의 불확실성에 따른 방송서비스의 유료화 추세는 케이블TV에 의해 촉발되어 미래 방송의 주요 속성의 하나가 되고 있다. 이 외에도 지상파를 중심으로 과거의 독과점적인 지위가 보장된 방송 서비스 사업 환경은 다매체화에 따른 경쟁매체의 증가로 경영불확실성이 증폭되고 있는 상황이다.

<표 1> 방송의 디지털화로 인한 방송산업의 구조변화

구 분	아날로그 시대	디지털 시대
방송통제권	방송사	이용자(고객)
주요 방송시간대	프라임타임	평상시
방송의 주요재원	광 고	이용자부담
광고경향	과대·과장	내용위주
편성의 기준	극적효과	정보중심
편성비용	고비용	천차만별
산업영역	매스미디어	개별화된 미디어
방송산업의 안정성	안정적	가변적
성공의요건	건실경영	예측경영

자료원: 김인규(2005), 방송인 김인규의 공영방송 특강, 커뮤니케이션 북스, p.177

특히 정치적 중요성과 전파자원의 희소성을 바탕으로 한국의 지상파 방송산업은 상당 기간 권력의 정책적 특혜와 통제하에서 안정적인 성장기반하에서 독과점적인 지위를 향유한 것이 사실이다. 이러한 환경은 초과이윤의 사회 환원을 꾀할 정도로 수익성의 논리와는 별개의 논리가 지배한 것이 사실이다. 그러나 방송의 디지털화를 비롯한 신기술의 발달, 정치경제적 방송환경의 변화는 지상파 사업자에게도 수익성을 개념에 대한 고민을 안겨주게 되었다.

또한 WTO 정착에 따른 세계경제의 글로벌화 및 FTA와 관련한 시청각 서비스 시장의 개방 문제 등은 방송산업의 국제화에 따른 세계 방송산업 체제 내에서의 글로벌 경쟁력을 고민하게 만드는 요인이

되고 있다. 다시 말해 다매체·다채널 글로벌 무한경쟁 시대는 방송사업자의 수익다각화를 포함한 효율적인 경영의 중요성을 일깨워 주고 있는 것이다. 특히 지상파 방송 사업자들도 방송의 정치적 독립성과 공영성이 어느 정도 확보된 상황에서 글로벌 방송시장에서 생존해야 하는 과제를 안게 된 것이다. 이에 따라 세계적 미디어 기업 수준의 경쟁력을 확보하는 것은 공·민영방송 모두에게 주어진 과제이자 사업다각화를 포함한 경영효율성 제고의 궁극적인 지향점이다.

2. 방통융합 환경과 광고산업 변화

1) 광고산업의 변화 방향

디지털 미디어 환경에서 광고의 지향점은 광고 전달력을 극대화하는 쪽으로 진화할 것이다. 광고매체는 대중적인 지향과 개인적인 지향이 병존할 것이다. 전통적인 4대매체인 지상파TV, 라디오, 신문, 잡지 등은 대중지향성이 강한 매체이고 DMB와 메신저 등은 개인지향성이 강한 매체이다. 대중지향성 매체는 이른바 매스마케팅(mass marketing) 시 유용한 매체로 지속될 것이지만, CRM 등 정교한 마케팅 툴이 발달함에 따라 개인지향성 매체들이 더욱 각광을 받을 것이다.

광고전달력을 증대시키기 위해 각 방송매체들은 "매스미디어적인 특성으로 불특정 다수에게 단기간에 노출시키는 방송미디어의 특성을 유지하고 확보하려 하되, 가입자나 접촉자를 대상으로 즉각적인 광고효과, 반응을 유도할 수 있는 쌍방향 광고형태를 새롭게 창출할"[1] 가능성이 큰 것이다. 무엇보다 미래 방송광고의 중요한 특징은 '이동성'

이 될 수 있을 것이다. 이미 상용화가 시작된 DMB서비스와 이동형 방송기술의 발전은 곧 방송매체에 대한 유비쿼터스 환경을 제공할 것이다. 방송매체 역시 이동형 매체에 부합할 수 있는 형태로 발전할 것이다. 이시훈은2) 이러한 상호 작용성, 대중 도달력, 개인화, 이동성이라는 미래 광고의 지향점을 아래 〈그림1〉과 같이 정리하고 있다.

〈그림 1〉 미래 방송광고의 지향점

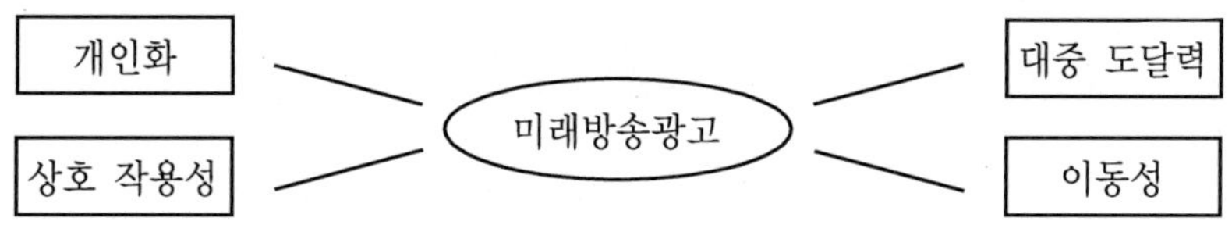

광고재원에 대한 의존율(표2 참고)이 지대한 상황에서 이러한 미래 방송광고의 지향점은 지상파 방송사에는 결코 유리하지 않을 것으로 전망되며, 한정된 광고재원이 뉴미디어로 분산됨으로써 지상파 방송사업자가 현재의 재원구조로는 지속적으로 양질의 콘텐츠를 생산할 수 없을 수도 있다는 함의를 읽을 수 있다.

〈표 2〉 방송사 수입과 광고수입의 비중

(단위:%)

구 분	KBS 수입비율		MBC 수입비율		SBS 수입비율	
	광고수입	기타수입	광고수입	기타수입	광고수입	기타수입
1997년	57.0	43.0	90.3	9.7	94.0	6.0
1998년	43.4	56.4	89.6	10.4	91.7	8.3
1999년	51.3	48.7	92.0	8.0	93.2	6.8
2000년	58.1	41.9	91.2	8.8	93.5	6.5

---

1) 박정래, 동시다발적 뉴미디어 출현의 의미, 광고계동향174호(2005.8). pp.3~5.
2) 이시훈, 한국광고홍보학회 9월 특별세미나, 2005.9, p.9.

구 분	KBS 수입비율		MBC 수입비율		SBS 수입비율	
	광고수입	기타수입	광고수입	기타수입	광고수입	기타수입
2001년	53.5	46.5	90.8	9.2	94.6	5.4
2002년	56.9	43.1	90.5	9.5	92.6	7.4
2003년	54.9	45.1	91.2	8.8	93.4	6.6

자료원: 방송위원회, 각 년도 방송산업 실태조사 보고서
주) 기타 수입은 협찬수익, 프로그램 판매수익, 부대사업수익 등이며, KBS의
경우 수신료를 포함

2) 뉴미디어 등장에 따른 광고시장의 분화

미디어 시장의 변화는 일반적인 광고시장뿐만 아니라 새로운 영역
으로 부상하고 있는 인터넷, 모바일 시장의 광고시장의 확장을 가져오
고 있다. 4대 매체의 광고비의 내용에서 좀 더 세부적으로 최근 크게
증가한 매체로 주목받고 있는 국내 인터넷 광고시장만을 살펴보면,
2003년도 2,700억 원에서 2005년 5,669억 원으로 증가한 것과 같이 최
근 몇 년 사이에 매우 크게 증가하였다. 이러한 증가추세는 앞으로 더
욱더 늘어날 것으로 예상된다.

<표 3> 최근 3년간 매체별 광고비 집행현황

(단위 : 억 원, %)

구 분	광고비			전년대비 성장률		
	2003	2004	2005	2002년대비	2003년대비	2004년대비
TV	23,671	22,350	21,492	-3.0	-5.6	-3.8
라디오	2,751	2,653	2,683	-1.0	-3.6	1.1
전파매체계	26,422	25,003	24,175	-2.8	-5.4	-3.3
신 문	18,900	17,436	16,724	-6.4	-7.7	-4.1
잡 지	5,006	4,256	4,368	-8.4	-15.0	2.6

구 분	광고비			전년대비 성장률		
	2003	2004	2005	2002년대비	2003년대비	2004년대비
인쇄매체계	23,906	21,692	21,092	-6.9	-9.3	-2.8
케이블	2,975	3,999	4,868	26.9	34.4	21.7
인터넷	2,700	3,927	5,669	45.9	46.6	44.4

자료원 : 2003~2005 제일기획 광고연감

우리나라의 인터넷 이용자 수를 보면 1998년에 300만 명에 불과했던 것이 1999년 1,000만 명을 넘어섰으며, 2000년에 2,000만 명에 육박했던 것이 2003년 초에는 2,500만 명에 이르게 되었고,[3] 2007년 현재는 구매력 있는 전 인구가 인터넷을 사용하고 있다고 볼 수 있다. 이와 같은 인터넷 사용자의 비약적 증가는 인터넷에서 이루어지는 상업적 거래와 구매활동을 일컫는 전자상거래의 발생과 증대를 초래하였다. 전자상거래는 충동적이며 직접적인 기술로서의 특징을 갖는다. 다시 말해 소비자들은 다른 목적으로 인터넷을 사용하다가 일시적인 기분에 상업적 메시지에 응답하는 경우가 많으며, 특정한 제품을 구매해야겠다는 결정은 웹 사이트로의 직접방문을 통해 물품을 구매하는 행위를 가능하게 해 준다는 것이다. 지난 10년간 인터넷은 다양한 대중에게 도달할 수 있으며, 전통적 매체의 효과를 증대할 수 있는 방식이란 이유로 광고주나 광고대행사에게 더 큰 관심의 대상이 되고 있다. 이러한 인터넷의 가장 흥미로운 점은 상호 작용성이라고 할 수 있다. 지상파 방송을 포함한 전통적 매체는 한정된 정보의 공급원이지만 인터넷은 양자 간의 메시지 교환을 통한 반응적이고 유연한 데이터 공급원이라는 것이다. 즉 과거에는 생산자와 판매자가 다양한 상품을 내

---

3) 오택섭·강현두·최정호(2003), 미디어와 정보사회, 나남, p.328.

놓으면 소비자는 자신의 필요와 취향에 따라 맞는 상품을 내놓으면 소비자는 자신의 필요와 취향에 맞는 상품을 구매하는 대중마케팅 시대였으나, 오늘날에는 소비자의 권한이 강화되었으며, 소비자의 필요와 욕구가 다양해졌고 다양한 매체의 등장으로 수용자가 분할되어 광고주는 성공적인 마케팅을 수행하기 위해서 선택적 마케팅을 택하게 되었다. 즉 과거의 광고계획이 광고주 중심의 전략이 대부분이었다면 이제는 소비자 중심의 광고전략으로 전환되었기 때문이다. 인터넷은 개개인의 차별적 욕구에 대응할 수 있는 매체이며, 개개인들과의 관계를 지속시켜 나갈 수 있는 매체이다. 매스미디어 광고를 하면서 우리는 소비자 개개인에 대해 알 수 없었다.

그러나 인터넷을 통한 광고, 마케팅을 전개하는 데 있어 이제는 고객 개개인의 매체접촉행동, 구매행동, 그리고 인적 사항 등 자세한 데이터를 파악할 수 있게 되었다. 인터넷 시대에는 일대일 마케팅, 관계마케팅 전략이 호응을 얻을 것으로 전망된다. 요약하면, 매스마케팅의 시대를 지나면서 CRM 등 정교한 마케팅 체계가 발달하면서 인터넷 등 지상파를 대체하는 광고매체가 속속 등장하고 있는 상황이다. 그에 따라 광고시장의 매체 간 대체 및 분화현상이 활발히 일어나고 있다. 이는 지상파 방송 사업자의 광고시장에서의 지배적인 위치를 위협하는 요인으로 볼 수 있다.

3. 매체다원화와 매체 수용형태의 변화

1) 유료TV의 성장과 미디어시장의 변화

90년대 중반까지 지상파TV가 독점해 온 TV방송 시장은 1995년 케이블TV가 등장하면서 경쟁체제로 접어들었다. 그러나 본격적인 경쟁은 케이블TV가 개국 초기의 어려움을 극복한 2000년대에 들어서고 나서이다. 지역중계 유선방송의 SO전환을 통한 서비스망의 확충, 지상파 계열 PP사의 설립으로 콘텐츠의 경쟁력이 확보된 것은 불과 5년 정도이기 때문이다. 또한 2002년 스카이라이프가 등장하면서 한국의 TV방송 시장도 3각 구도의 경쟁 틀이 마련되었다. 스카이라이프의 등장은 본격적인 다매체 환경이 개시됨을 의미하며 이는 과거와 다른 수용자의 변화된 미디어 수용형태를 촉발하는 계기로 작용했다. 무엇보다 지상파 방송로서는 수용자의 절대적인 사랑을 받은 미디어에서 점차 시청층을 타 매체에 잠식당하는 결과를 보여 주고 있다. 이는 다채널 가구 가입자 수의 증가에 따른 자연스런 귀결로 받아들여진다.

〈표4〉 지상파 방송과 케이블TV의 시청률과 점유율/순이익 비교

구 분	지상파 방송			케이블TV		
	시청률(%)	점유율(%)	순이익*	시청률(%)	점유율(%)	순이익**
2003	29.9	69.0	2,876억 원	10.1	23.0	253억 원
2004	27.6	64.1	1,136억 원	12.2	28.4	691억 원
증감률(%)	-2.3	-4.9	-61	2.1	5.4	173

* TV와 라디오 포함 ** SO 119개사

방송위원회 연도별 백서 재구성

<표 5> 다채널방송서비스 가입가구 추이

(단위: 천 명, %)

구 분	2001	2002	2003	2004	2005
종합유선 가입자 수 시장점유율	5,844 (52.7)	6,912 (60.0)	9,402 (75.2)	11,724 (82.6)	13,589 (85.3)
중계유선 가입자 수 시장점유율(%)	5,062 (45.7)	4,502 (38.4)	2,323 (18.6)	1,179 (8.3)	519 (3.3)
위성방송가입자 수 시장점유율(%)	176 (1.6)	302 (2.6)	779 (6.2)	1,297 (9.1)	1,826 (11.5)
다채널방송 가입자 수	11,082	13,416	13,728	14,907	16,113

주: 1. 괄호 안은 전체 MVPD 가입자 중 해당 서비스의 시장점유율을 나타냄
    2. 종합유선방송가입자 수는 가입가구 수가 아니라 가입 대수(단자 수)를
      의미. 2005년부터 가입가구수를 중심으로 통계를 작성하고 있으나
      2000년대 초반과의 비교를 위해 단자 수(가입 대수) 기준으로 작성
자료원: 방송위원회, 방송산업실태조사보고서 각 년도의 자료를 토대로 구성

    <표 5>에서 확인되듯이 2005년 기준으로 전국 모든 가구에서 시청이 가능한 지상파TV에 맞서 케이블TV의 가입률은 80%, 스카이라이프는 가입률 약 10%를 상회하는 가입률을 보이고 있다. 이는 중복 가입 가구를 감안하더라도 전국 약 90%에 달하는 가구는 지상파TV와 더불어 케이블TV 또는 스카이라이프의 채널들을 시청할 수 있는 환경이다. 이에 따라 지상파TV는 기존에 전개되어 온 지상파TV 채널 간의 경쟁과 더불어, 다양하고 전문화된 다수의 케이블TV 채널들과 스카이라이프 채널들의 거센 도전에 직면해 있다. 수용자들은 다매체 환경에 노출되어 있는 것이다. 한편, 기술발전에 따라 기존 TV의 범주를 벗어난 이동TV가 속속 등장하고 있다. 2005년 위성 DMB에 이

어 2006년에는 지상파 DMB가 등장하여 TV 매체의 영역을 TV가 갖는 한계인 실내시청에서 실외시청으로까지 확대하고 있다. 이와 함께, TV가 이제 가족들이 모여서 시청하는 2인 이상 동반 형태의 시청 위주의 매체에서 개인 시청이 가능한 1인 수용 매체로 그 범위가 확대되고 있어 가히 미디어 시장은 혁명적으로 변화하고 있는 상황이다. 최근의 급성장에 힘입어 애초에 지상파TV의 보조매체로 성장한 케이블TV에 대한 수용자의 시청행태는 이미 지상파에 필적할 만한 수준으로 상승하고 있다. 더 이상 보조매체가 아닌 뚜렷한 시청자층을 확보한 전문채널로서 입지를 넓혀가고 있는 것이다. 케이블TV 시청률은 2000년에 1.5%이던 것이 2002년에 5.3%로, 5%를 넘어섰고 2005년에는 11.5%로 10%를 넘어서 지상파 1개 채널의 시청률을 상회하는 연 평균 2%가량의 급격한 성장을 보이고 있다.

<그림2> 연도별 지상파/케이블TV 시청률 비교

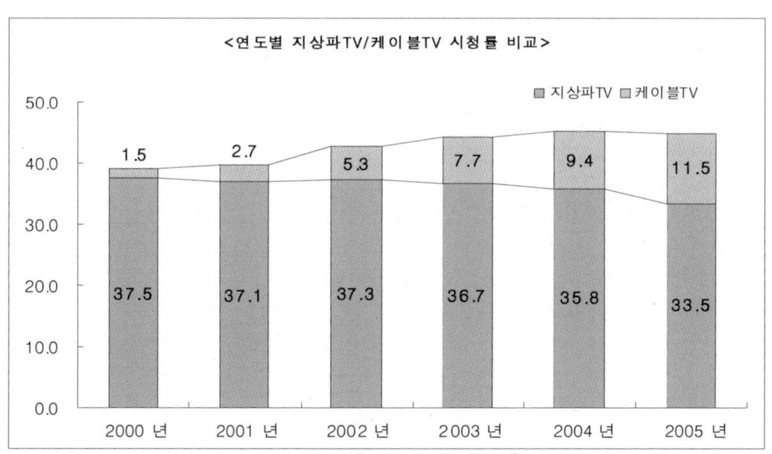

자료원: TNS코리아 <전국, 가구 기준 / 지상파TV 정파 시간대 제외>

지상파TV중심의 TV시청구도를 무너뜨리는 데에는 단연 케이블TV가 그 중심 역할을 했다. TNS코리아 자료에 따르면, 2000년부터 2005년까지의 HUT(Household Using TV)를 비교해 보면 2000년과 2001년에 각각 44.8%, 44.2%이던 수치가 2002년 45.9%로 상승했고 이어 2003년에는 47.7%, 2004년에는 48.5%로 2001년 이후 매년 1%이상의 상승을 보여 왔다. 이후 2005년에 47.5%로 2004년 대비 1.0% 하락하였으나, 전반적으로 보면 2000년과 2001년에 대비하여 약 3% 이상 상승하였다. TV의 시청시간으로 보아도 2000년~2002년까지는 하루 평균 370분~390분에 머무르고 있으나, 2003년~2005년에는 400분을 넘어서고 있어 TV이용은 지속적으로 높아진 것을 알 수 있다.

그러나 지상파TV와 케이블TV의 시청률 변화를 보면 HUT 상승에 주로 기여한 매체는 지상파TV가 아닌 케이블TV로 나타나고 있으며, 지상파TV 시청률은 오히려 하락하고 있는 것을 알 수 있다. 2000년~2002년 37% 수준이던 지상파TV의 시청률은 2003년에 36.7%, 그리고 2004년 35.8%로 점진적으로 하락해 왔으며, 2005년에는 33.5%로 하락했다. 2005년의 지상파TV 시청률 33.5%는 2004년과 비교할 때 2.3% 하락한 수치이며, 2000년과 비교하여서는 무려 4.0%나 하락한 것이다.

<그림3> 연도별 HUT 및 시청 시간량

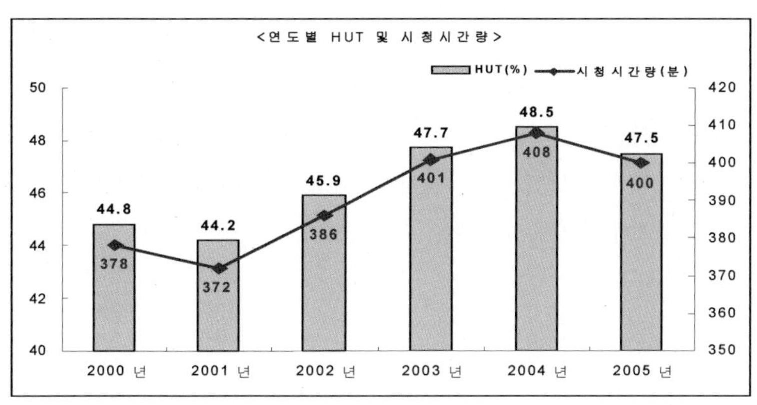

자료원: TNS코리아 <전국, 가구 기준 / 지상파TV 정파 시간대 제외>

케이블TV 시청률의 증가 폭이 지속적으로 커져 가고 있는 것은 지상파TV 시청률 하락의 결코 간과할 수 없는 중요한 요인이다. 이와 함께, 현재의 시청률 조사 환경에서 단순 비교는 불가능하지만, 2003년부터 조사를 시작한 스카이라이프 시청률도 지상파 방송 시간대를 기준으로 2003년 11.4%에서 2005년 12.1%로 0.7% 증가한 것도 이러한 상황을 뒷받침하고 있다.

2) 수용자의 매체선호도와 광고효과

지상파TV가 아직까지는 광고매체로서 선호도를 높게 유지할 수 있는 것은 수용자의 관심도나 접촉빈도 면에서 단연 앞서기 때문이다. 한국방송광고공사의 2005 MCR조사[4] 결과에 따르면, 매체별 관심도

---

4) Media & consumer research(소비자 행태 조사)의 약어로 한국방송광고공사에서 매년 국민들의 미디어 수용 행태를 조사하기 위해 행하는 조사이다.

와 접촉도를 기초로 광고효과를 분석해 본 결과, 지상파TV 광고가 가장 높은 평가를 받아 가장 효과적인 광고매체인 것으로 나타났다. 지상파TV 광고 다음으로는 인터넷광고, 신문/케이블TV광고 순으로 나왔다. 지상파TV가 광고효과가 가장 높은 매체로 나타났으며, 실제로 신제품 런칭, 브랜드/기업인지도 제고 측면에서도 뛰어난 매체로 광고실무자에게 인식되고 있다.

<그림4> 매체별 접촉빈도 및 관심도

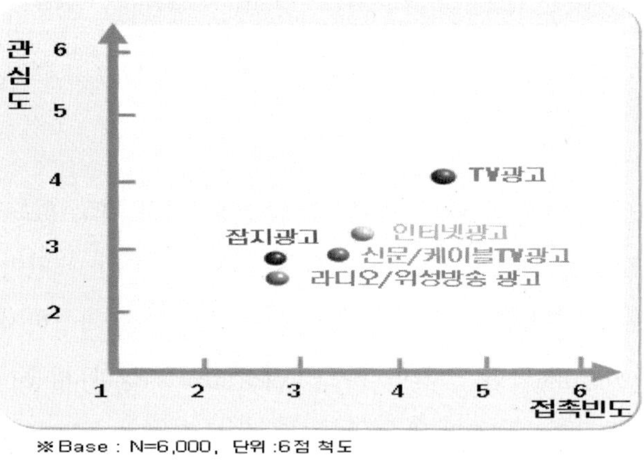

자료원: 한국방송광고공사(2005), MCR보고서, p.46

한편, TV를 거실에서 야외로 이동시켜 공간의 개념을 대폭 변화시킨 매체로 미디어의 새로운 혁명이라 불릴 정도로 이동형 매체시장을 개척하고 있는 DMB에 대한 수용자 반응 또한 관심거리다. 한국방송광고공사의 '2005 MCR조사'에 따르면, DMB의 주 이용시간은 출퇴근 및 점심시간으로 나타나 향후 DMB는 일상 활동에서 비어있는 시간대를 메울 수 있는 매체로서의 기능을 할 것으로 예상되고 있다. 향후, DMB를 가장 많이 이용할 시간대로는 오전 출근 시간대인 오전 7시~10시(34.6%)를 꼽았으며, 그다음은 퇴근 및 저녁 시간인 저녁 6시~10시(18.5%), 점심시간인 정오 12시~2시(13.3%)순이다. DMB의 주 이용 시간이 출·퇴근 시간이나 점심시간 등으로 나타남에 따라 DMB가 향후에는 주요 일상 활동에서 비어 있는 시간대를 메울 수 있는 매체로서의 기능을 할 것으로 예상된다.

<그림5> 향후 DMB 주 이용시간대

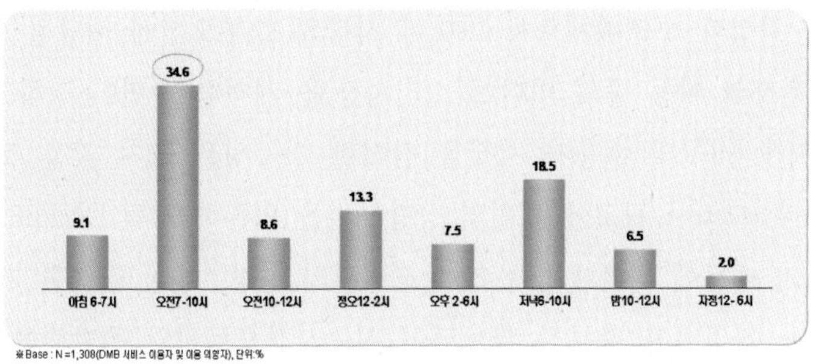

※ Base : N=1,308(DMB 서비스 이용자 및 이용 의향자), 단위:%

자료원: 한국방송광고공사(2005), MCR 보고서, p.182

<표 6> 성, 연령, 직업별 향후 DMB 서비스 주 이용시간대

	전체	남자						여자						직업별				
		전체	10대	20대	30대	40대	50대 이상	전체	10대	20대	30대	40대	50대 이상	화이트 칼라	블루 칼라	학생	주부	무직/기타
응답자수(명)	1308	806	74	206	232	186	108	502	48	148	139	128	39	351	502	230	164	61
단위:%	100	100	100	100	100	100	100	100	100	100	100	100	100	100	100	100	100	100
아침 6-7시	9.1	10.4	10.8	5.8	6.0	15.1	20.4	7.0	6.3	6.1	7.2	6.3	12.8	8.3	10.8	5.7	9.8	11.5
오전 7-10시	34.6	36.7	31.1	41.3	41.8	32.8	27.8	31.1	27.1	34.5	29.5	34.4	17.9	43.3	33.9	35.7	16.5	34.4
오전 10-12시	8.6	5.0	1.4	1.9	5.2	5.9	11.1	14.3	2.1	8.8	15.1	21.9	23.1	3.4	7.6	1.7	32.3	8.2
정오 12-2시	13.3	14.8	24.3	17.5	14.7	14.0	4.6	11.0	18.8	9.5	9.4	9.4	17.9	10.8	12.7	19.1	11.6	14.8
오후 2-6시	7.5	6.6	8.1	3.9	5.2	7.5	12.0	9.0	2.1	6.8	11.5	8.6	17.9	5.1	8.6	5.2	11.6	9.8
저녁 6-10시	18.5	18.5	9.5	20.9	21.1	17.2	16.6	18.6	29.2	21.7	18.7	14.1	7.7	23.9	17.4	19.2	10.4	16.4
밤 10-12시	6.5	5.8	9.5	7.3	5.2	3.8	5.6	7.6	12.5	9.5	7.9	4.7	2.6	4.6	6.8	10.4	5.5	3.3
자정 12-6시	2.0	2.2	5.4	1.5	0.9	3.8	1.9	1.6	2.1	3.4	0.7	0.8	15.4	0.6	2.4	3.0	2.4	1.6

※ Base : N=1,308(DMB 서비스 이용자 및 이용 의향자), 단위: %

자료원: 한국방송광고공사(2005), MCR 보고서, p.183

DMB이용 의향자를 대상으로 향후 이용할 DMB 서비스(TV방송, 라디오방송, 데이터방송)를 조사한 결과 대부분은 TV(79.9%)를 꼽았으며 다음으로는 데이터방송(13.9%), 라디오(5.9%)로 나타났다. DMB 방송을 이용할 경우 과반 이상(58.9%)이 휴대폰 겸용 단말기를 이용할 것으로 응답했으며, 그다음으로 DMB전용 단말기(18%), 차량부착단말기(17.7%), PC겸용 단말기(17.4%)로 나타났다. DMB를 이용할 장소로는 교통수단(60.6%), 학교/사무실(14.8%), 집(12.9%), 공공장소(9.6%)로 조사되었다. 조사결과로 볼 때 DMB가 지상파 TV의 경쟁매체라기보다는 지상파 보조매체로서 미디어 시장의 블루오션에 해당될 수 있는 '수용자의 이동 중의 미디어 소비시장'을 개척한 측면이 강하고, 기존의 지상파TV의 수용자 시장을 잠식할 가능성은 크지 않을 것으로 전망된다. 그러나 광고에 재원의 상당부분을 의존하게 될 DMB도 신생매체이기 때문에 기존매체 몫의 광고재원의 상당부분을 잠식할 가능성이 있다. 가입자가 충분히 확보되어 신규시장으로서의 폭발력을 가진 매체로 성장하기 전에는 시장 확대를 가져올 만큼 강력한 매체로 자리잡기는 쉽지 않기 때문이다.

한편, 지상파TV 자체가 늙은 매체로 전락하는 것은 아닌지에 대한 의구심이 일고 있으며 이는 최근의 수용자 기호에서도 어느 정도 포착되고 있다. 제일기획에 따르면, TV접촉에 있어서 1318(13세~18세)세대와 1925세대는 크게 감소하고 있으며, 반면 3342세대와 4355세대는 증가추세에 있다. 인터넷은 낮은 연령층에서 높은 접촉을 보이고 있으며 세대별 갭이 크게 존재한다.[5]

---

5) 제일기획(2003), 컨버전스 시대의 멀티소비자, p.58.

4. 미디어 컨버전스와 지상파TV의 위상 변화

방송산업은 기술의 발전과 뉴미디어의 도입, 통신사업자의 방송산업 진출(표7 참조)에 따라 매우 급속히 변화하고 있다. 방송시장이 방송과 통신이 융합된 시장으로 확장함에 따라 방송영역에 새로운 사업자들의 진입이 활발해지고 그만큼 기존의 방송사업자들의 경쟁상대는 증가해 개별 방송사업자들의 경쟁 심화에 따른 경영전략은 절실하게 필요한 시점이다.

〈표 7〉 방통융합 매체 현황

융합형태	방송→통신			통신→방송	
매 체	위성DMB	지상파DMB	데이터방송 (양방향TV)	와이브로	IPTV
상용화 단계	2005	2006	2005~2006	2006	2008~2010
사업자	TU 미디어	지상파3사/ 비지상파3사	지상파사업자/ 독립형PP사 등	KT/ SK 등	KT/하나로
지향점	유비쿼터스				

특히 그동안 독과점적인 지위를 누려 온 지상파 방송의 경우 지금까지와는 다른 근본적인 패러다임의 전환국면에서 생존의 활로를 모색해야 할 시점이다. 한편, 방송시장 변화의 중요한 축은 디지털과 브로드밴드의 발전에 따른 방송과 통신 산업의 변화다. 가장 커다란 변화는 서로의 영역 구분이 없어져 간다는 것이다. 그것을 통칭하는 개념이 컨버전스이다. 컨버전스는 "성격이 다른 네트워크 플랫폼들이 본질적으로는 유사한 종류의 서비스를 제공할 수 있게 되는 현상", "전

화, 텔레비전, 컴퓨터와 같은 소비자 단말기가 통합되는 현상"으로 정의할 수 있다. 즉 방송미디어, 통신미디어, 그 밖에 인쇄 미디어 등이 통합되면서 유사해지는 현상이다. 따라서 이를 미디어 컨버전스로 설명할 수 있다. 이런 미디어 컨버전스 환경에서 지상파 방송에도 그 역할에 변화가 오리라는 것은 분명하다. 그것은 방송시장의 변화와 함께 이루어진다. 그 변화방향은 대체로 다음과 같은 요소에 의해 영향을 받을 것이다.

첫째, 경쟁적인 방송시장이 그 출발점아 될 것이다. 경쟁적인 방송시장은 고품질의 방송 프로그램을 제공함으로써 시민들이 혜택을 볼 수 있는 기반이다. 디지털TV와 브로드밴드는 기존의 아날로그 방송제도보다 효율적인 방송 시장을 만들어 낸다. 시청자들이 방송 채널을 직접 선택할 수 있는 범위가 커진다. PVR(personal video recorder, 개인영상녹화기)와 브로드밴드와 같은 새로운 테크놀로지는 TV시장의 많은 부분을 주문형 서비스로 변모시킬 잠재력을 갖고 있다. 이미 다수의 소비자들은 자신들이 보고 싶은 것과 언제 볼 것인지를 선택할 수 있다.

둘째, 그러나 경쟁적인 환경에서도 무조건 시장이 제공하는 것보다는 다양한 고품질의 콘텐츠를 요구한다. 시청자는 신뢰할 수 있고 독립적인 뉴스, 세계에 대한 지식을 넓힐 수 있는 프로그램, 문화의 다양성을 반영하는 콘텐츠를 신뢰한다. 비록 뉴미디어가 이러한 콘텐츠를 제공할 수 있지만, 그러한 역할이 오랫동안 지상파 방송에 맡겨져 온 것이다.

셋째, 지상파 방송을 제공하는 방법은 시대에 따라, 기술 변화에 따라 달라질 수 있다. 시민들의 요구와 선호의 변화에 따른 지상파 방송제도의 유연성이 필요한 시기이다. 지상파 방송은 종래 말 그대로 지상파 방송망을 통한 방송을 의미하였지만, 이제는 방송망이 다양해지면서 그런 의미는 퇴색된 상황이다6). 실제로 우리나라에서 직접 수신 안테나를 설치해서 TV시청이 가능한 곳이 그리 많지 않다. 주거환경이 집단 주거형(아파트)으로 바뀌면서 지상파는 사실상 그 기능을 하지 못하고 있다. 이는 다른 측면에서의 자료이긴 하지만 현재 TV 보유 가구 수의 약 15%인 250만 정도가 직접 수신을 하는 것으로 조사되고 있다. 지상파 방송은 그보다는 공공 서비스를 제공하는 특별한 역할을 갖는 방송으로서의 의미를 가지고 있는 것이다. 따라서 디지털 시대에는 지상파 방송을 재정의할 필요가 있다. 지상파 방송은 단순히 전송방식이나, 어떤 특정 유형의 프로그램이나 특정 제도의 산출(output)에 의해서가 아니라, 그 목적과 성격에 의해 새롭게 정의되어야 하겠다.

2000년 이후 본격적으로 방송 산업이 변화하고 있다. 케이블TV가 유료방송서비스로 방송 시장에 정착하기 시작하고 위성방송의 등장으로 유료방송 시장에 경쟁이 도입되고, 이후 새로운 미디어의 등장으로 방송시장의 경쟁 체제가 확립되기 시작한 것이다. 2005년 6월 현재 방송사업자 수는 지상파 방송사업자가 43개(TV 32, 라디오 11), 유선방송사업자 317개(종합유선 119, 중계유선 198), 위성방송사업자 1개, 방송채널사용사업자 144개 등 총 506개 사업자에 이른다. 여기에 위성 DMB 사업자 1개, 지상파 DMB 사업자 6개가 추가된다. 이렇게 많은 사업자들이 방송시장을 구성하고, 다양한 움직임을 보여주고 있다. 여기에는 기존의 방송산업뿐만 아니라, 통신산업, 전자산업 등에 속하던 사업자들도 참여하고 있다. 이러한 결과, 방송시장 매출액이 증가하고,

---

6) 권호영. 방송통신융합 시대, 유료방송의 과제와 해결방안. "유료방송 시장획정", 〈한국뉴미디어방송협회 주최, 방송통신포럼 〉 발제문(2005.6.10), p.49.

유료방송이 확대되고 있다. 유료방송 가입자 수는 빠르게 증가하고 있다. 2005년 6월 현재 전국 1,766만 가구 중 유선방송 가입가구 수는 1,404만 가구로 79.5%로 나타났다[7]. 80%선의 가입률은 유료방송시장이 이미 보편적 서비스로서 지상파 방송의 독점적 지위를 위협하는 수준임을 나타내 주고 있다. 전체 가구 수의 80%는 지상파TV 채널이 케이블TV, 위성방송 및 중계유선방송으로 재송신(carry)되어 시청되고 있다는 의미로 해석할 수 있는 것이다. 즉 지상파도 사실 케이블TV, 위성TV 채널과 같이 보게 되는 경우로 사실은 케이블이나 위성TV 플랫폼에 하나의 콘텐츠로만 특화된 경우라고 볼 수 있는 것이다.

순수하게 안테나를 달고 지상파에 의존하는 경우는 드물게 된 현실에서 사실상 유료/무료 구분은 무의미하고, 지상파의 경우도 케이블이나 위성TV의 셋톱박스를 통해 시청하게 된 상황이 된 것이다. 이제 한국의 방송 시장의 변화는 유료방송의 비중이 커지는 산업적인 구조 변화기에 들어섰다고 평가할 수 있다. 이것은 역으로 그동안 방송시장의 거의 대부분을 차지해 왔던 지상파 방송의 시장 지배가 줄어드는 것을 의미한다. 이런 상황이 되면서 이를 지상파 방송의 위기라고 보는 시각이 최근 많아졌다. 그러나 사실 이것은 위기 이전에 산업 구조의 변화에 따른 현상이라고 보는 것이 정확할 것이다. 지상파 방송 3사로서는 그것이 위기이든 구조의 변화이든, 이에 대한 대처가 필요한 것은 분명하다. 먼저 지상파 방송의 위기에 대해 최근에는 '재정적 위기'라는 판단을 내렸다. 매출액 및 수익의 감소로 경영상의 어려움에 봉착해 있는 것이다. 2004년 KBS는 600억 원이 넘는 적자를 기록했다. MBC와 SBS도 광고 수익이 감소하고 있다.

---

7) 방송위원회, 2005년 방송산업실태조사보고서, pp.33~34.

〈표 8〉 방송서비스 영리 매출액 기준 변화

(단위: %)

구 분	1997년	1998년	1999년	2000년	2001년	2002년	2003년	2004년
라디오	8.3	6.4	6.4	7.1	6.8	6.7	5.4	5.0
TV	71.4	66.4	70.5	69.9	63.8	62.8	49.4	46.9
지상파계	**79.8**	**72.8**	**77.0**	**77.0**	**71.0**	**69.5**	**54.8**	**51.9**
종합유선	5.3	8.2	7.9	8.3	13.4	15.5	16.8	19.8
중계유선	7.9	10.9	8.8	7.6	4.7	2.1	2.0	0.5
유선방송계	**13.2**	**19.2**	**16.7**	**15.9**	**18.0**	**17.6**	**18.8**	**20.4**
방송채널사용사업	7.0	8.1	6.4	7.1	11.3	12.9	24.1	24.0
위성방송				-		1.2	2.3	3.8

* 영리매출액: 홈쇼핑 상품판매 매출, 국고보조금 등을 제외한 순수영업 매출액
　자료원: 방송위원회(2005), 방송사업실태조사 보고서

　　방송사의 영리매출액 기준에 따른 시장점유율 변화를 보면 지상파
방송의 시장 지배력이 계속 감소하고 있음을 알 수 있다. 특히 2002년
이후에는 70% 이하로 떨어지고, 2004년에는 51.9%까지 떨어졌다. 반
면에 유료방송의 시장 점유율은 계속 성장하고 있다. 유선방송시장은
2000년 이후 유료방송을 선도하며 발전하고 있다. 특히 종합유선방송
의 성장은 주목할 만하다. 이것은 유료방송이 본격 시작된 1995년 이
후 어려운 단계를 거치면서 변화하는 모습이다. 1995년 이후 유료방송
시장에 경쟁이 도입될 때까지는 종합유선방송이 7년 동안 유료방송
시장을 이끌었고, 이때까지만 하더라도 유료방송 시장은 정착되지 못
한 상황이었다. 2000년 이후 종합유선방송이 제도 개편을 통해 정착되
면서 비로소 유료방송이 도약하기 시작해, 5년 만에 상당한 변화가 있
었다. 종합유선방송은 20%가 넘는 시장 점유율을 보이고 있다. 방송
채널사용사업도 종합유선방송 시장의 성장과 위성방송이라는 새로운

플랫폼의 등장에 따라 1997년 7%의 시장점유율이 2004년에는 24%로
확대되었다.

〈그림 6〉 지상파 방송 시청률 추이

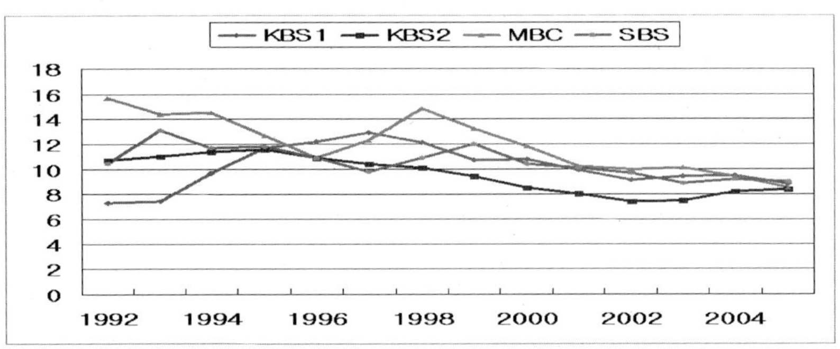

자료원: 심미선(2005), 시청률로 본 지상파 방송의 과거·현재·미래, 여의도
      클럽 세미나 발표문

　한편, 지상파 방송의 시청률 추이를 보면, 1992년에 비해 2005년 전
체 시청률은 3% 증가하였으나. 지상파 채널의 경우 1992년 대비 약
10% 하락했다. 4개 지상파 채널의 2000년 대비 2005년 점유율 추이는
KBS1-TV가 5%, KBS2-TV가 1%, MBC-TV 7%, SBS-TV 3% 하
락하였다.(그림 6) 또한 내용적으로도 그동안 비지상파 채널에 비해
강세를 보이던 지상파 방송의 주말 시청률이 낮아지고 있다. 심미선
(2005)의 조사에 따르면, 2000년의 경우 지상파 대 비지상파의 평일
시청점유율은 80.3% 대 19.7%, 토요일은 84.9% 대 15.1%, 일요일은
86.6% 대 13.4%였다. 그러나 2005년 시청점유율은 평일은 63.7% 대
36.3%, 토요일은 66.3% 대 33.7%, 일요일은 69.5% 대 30.5%인 것으
로 조사됐다. 물론 이러한 변화가 외형적인 성장일 뿐 아직도 내면적
으로는 부실하고, 정리되어야 할 문제가 상당하다는 비판도 타당하다.

그러나 이제 유료방송 시장의 확대는 필연적인 변화이다. 위성DMB, 지상파DMB, IPTV, BcN, WiBro 등의 새로운 디지털 미디어의 등장으로 유료방송 시장은 더욱 커질 전망이다. 이러한 새로운 미디어의 도입은 케이블TV나 위성방송 등 기존의 유료방송 미디어뿐 아니라, 지상파 방송에게도 시장에서의 새로운 전략과 위상을 요구한다. 그러므로 지상파 방송의 매출액의 감소도 단순히 광고 수익의 감소의 측면이라는 현상의 문제가 아니라, 방송 산업의 구조적인 변화에 기인하는 것이다. 그것은 자연스런 변화이다. 특히 광고는 디지털 미디어의 등장에 의해 영향을 받는다. 예컨대 PVR에 의한 영향도 전망된다. PVR은 수용자들이 리얼타임이 아닌 편한 시간에 자유롭게 원하는 콘텐츠를 수용할 수 있도록 하는 대표적인 기기이다.

해외에서는 PVR의 보급에 따라 수용자들이 방송을 실시간으로 수용하지 않아 광고를 줄이려는 움직임도 있다. 디지털 미디어는 일방적으로 공급자가 수용자에게 제공하는 형태를 벗어나 수용자가 맞춤형, 나아가 생산자로 변화하게 하기 때문에, 광고의 의미가 줄어들 것이라는 점이다. 결국 방송시장의 변화는 유료방송이 비중을 크게 확대하는 가운데 지상파 방송의 매출액, 시청률 등이 줄어드는 것으로 요약될 수 있다.

이러한 방송시장 변화에 지상파 방송사들이 둔감하게 반응한 것만은 아니다. 지상파 방송사들은 새로운 미디어들이 등장할 때마다 모든 뉴미디어에 진출하여 지배적인 위상을 뉴미디어에도 전이하고 있다. 지상파 방송사 중 KBS와 MBC, SBS는 위성방송사인 한국디지털위성방송의 지분을 소유하고 있고, SBS와 MBC는 위성 DMB사업자인 TU미디어에 지분을 참여하였다. 그리고 지상파 방송 3사는 각각 지상파 DMB 사업권을 획득하여 2005년 12월 1일부터 본 방송을 시작하였다. 또한 지상파 방송사는 모두 PP사업으로 진출하였다. SBS는 스포츠, 골프, 드라마, 종합오락(UTV) 등 4개의 채널, MBC는 겜비시, 드라마넷, 스포츠채널 및 MBC무비의 4개 채널, KBS는 드라마, 스포츠, 코리아의 3개 채널, 교육방송은 2개의 채널로 PP사업에 진출하였다. 이들 지상파 계열 PP들은 높은 수익을 올리고 있다. 2004년에 지상파계열 PP들의 매출액은 전체 PP의 11% 수준이지만, 순이익은 45%에 달한다.(아래 표9 참조)

<표 9> 지상파 계열 PP의 매출액과 순이익(2004년)

(단위: 백만 원)

계열명	법인명	매출액	순이익
MBC	MBC ESPN	20,162	1,034
	MBC 게임	8,832	510
	MBC 드라마넷	35,386	13,122
	합 계	64,380	14,666
SBS	SBS 골프채널	23,198	4,706
	SBS 드라마플러스	23,418	10,008
	SBS 스포츠채널	15,816	2,766
	합 계	62,432	17,480
KBS	KBS 스카이	30,491	8,359
지상파 계열 PP		157,303 (11.96%)	40,505 (45.03%)
비지상파 계열 PP(홈쇼핑 제외)		1,157,348 (88.04%)	49,430 (54.97%)

자료원: 김대호, 미디어 컨버전스와 광고, KOBACO 심포지엄(2005.12.8)

우리나라 유료방송시장에서 지상파 방송사로부터 제공되는 콘텐츠에 대한 의존도는 가장 중요한 부분을 차지한다. 케이블TV가 보급률을 높여 나갈 수 있었던 것도 지상파 방송의 의무재송신이 중요한 역할을 하였다. 위성방송은 지상파 방송의 재송신을 필요로 하였지만,

케이블TV와 지역방송의 견제 속에서 지연되어 오다가 2004년에야 지상파 재송신이 결정되었다. 2005년에는 위성 DMB가 출범하면서 지상파 재송신 문제가 반복되었다. 이에 대해서는 지상파 방송이 방송 시장의 지배력을 더욱 공고히 한다는 비판도 제기되고 있지만, 지상파 방송사가 공급하는 프로그램이 유료방송의 가입자를 확보하는 데에 필수적임을 보여주는 것이다. 따라서 지상파 방송의 대응이 없어도 자연스럽게 지상파 방송이 뉴미디어 시장에서도 주도적인 역할을 할 수 있었던 것이다. 그러므로 김형일[8]의 지적처럼 지상파 방송의 대응방안이 본질적으로는 한계를 가지고 있다는 문제의식에 귀 기울일 필요가 있다.

즉 첫째, 위기를 재정적인 위기로만 인식하는 경향이 있다는 것이다. 따라서 위기의 근본 원인에 대한 분석과 해법에 대한 모색보다는 당장의 경영상의 어려움을 해소하기 위한 방안에 초점을 맞춘다는 것이다. 둘째, 조직 구성원의 반발을 우려한 나머지 이들의 기득권을 인정한 상태에서 조직 개편을 모색하고 있다는 점을 지적하고 있다. 셋째, 다채널 방송시장에서 지상파 방송의 역할이 축소될 수밖에 없다는 사실을 여전히 인정하지 않으려 한다는 것이다. 따라서 과거의 시장 지배력을 되찾으려는 전략 모색에만 매달려 있다는 것이다. 이는 지상파 방송이 디지털화에 따른 컨버전스 시대에 본격적으로 대응하지 못하였다는 말에 다름 아니다.

지상파 TV의 성장배경에는 한국경제의 가파른 성장세가 바탕이 되었고 광고를 주재원으로 하는 지상파TV는 고성장을 구가해온 것이 사실이다. 표에서도 보듯이 80년대 이후 광고비는 GDP 대비 1% 내

---

8) 김형일(2005), 지상파 방송의 재원 다각화와 방송공익성, 한국언론정보학회 세미나 발표문, p.69.

외를 점하고 있으나 총액은 가파른 상승세를 보이고 있다.

<그림7> 연도별 총광고비와 GDP대비 비율

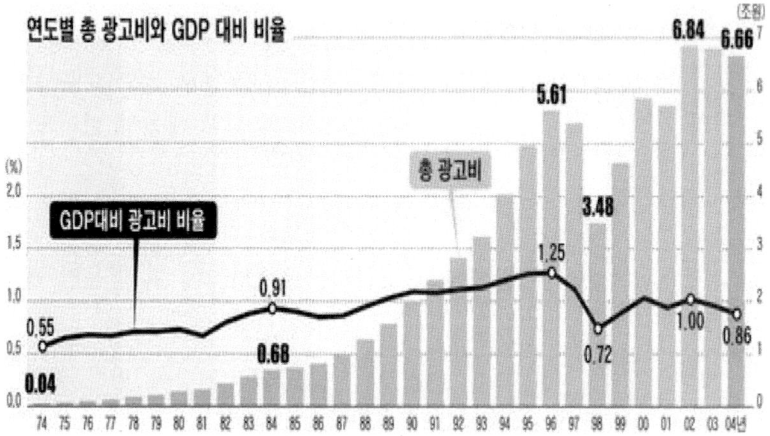

자료원: 각 년도 제일기획 광고연감 재구성

이제 한국도 선진국형의 저성장 사회로 진입이 예상되며 그에 따라 기업체의 광고비도 상승에 한계가 있기에 고성장세를 이어가기는 힘들어 보인다. 미디어 컨버전스 상황은 이제 지상파 방송사도 광고수익이 곧 주 수익원이라는 식의 발상에서 탈피 시장변화를 읽고 다양한 대응방안을 모색할 단계임을 시사해 주고 있는 것이다.

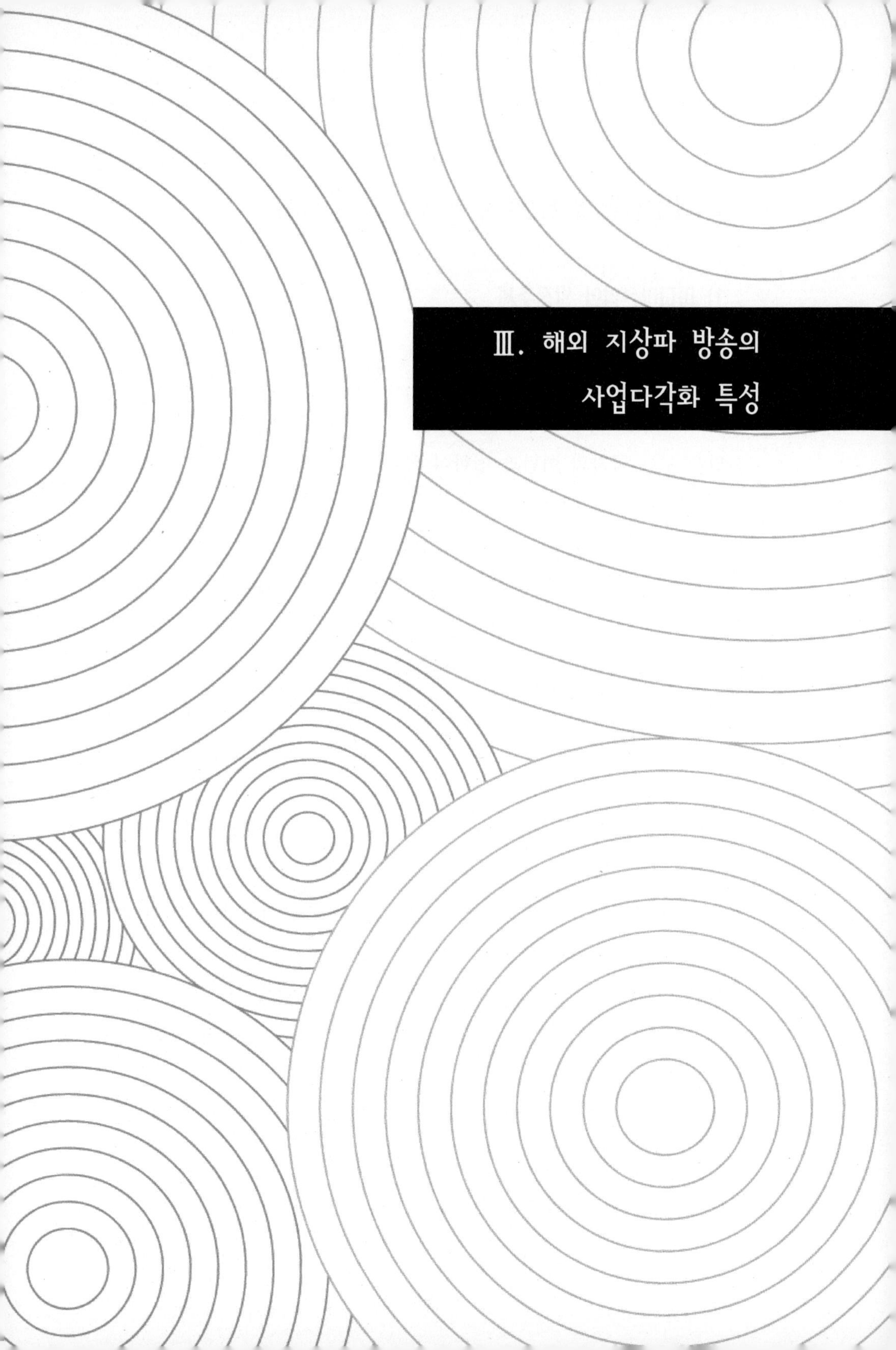

Ⅲ. 해외 지상파 방송의
사업다각화 특성

1. 미디어산업의 발전추세 및 사업다각화 형태

1) 미디어산업의 발전추세

미디어산업의 발전양상은 국가별로 상이하다. 그것은 각 국가별로 채택하고 있는 방송정책에 따라 다르며 궁극적으로는 방송과 미디어 산업을 보는 국가의 이념과 철학이 상이하기 때문이다. 따라서 국가별로 상이한 미디어시장의 규모, 미디어산업의 정책에 따라 차이가 있기 때문에 동일한 기준으로 미디어산업의 발전단계를 재단할 수 없는 측면이 있다. 미디어산업을 보는 관점은 〈표10〉에서 보듯이 대체로 시장 모델과 공론장 모델로 대별해 볼 수 있으며, 미디어산업의 성장 소멸 등 변화의 진폭이 큰 미국은 시장 모델의 대표적인 국가로 볼 수 있으며, 한국은 미디어시장에서 지배적인 영향력을 행사하는 지상파 방송의 2공영 1민영 체제[9]를 축으로 한 공론장 모델의 관점을 취하는 국가로 분류할 수 있다.

미디어를 상품을 파는 사적인 기업으로 볼 것인지 공공에 봉사하는 공적자원으로 볼 것인지부터 미디어산업을 보는 시각은 다양하며 사안에 따라 미디어산업에 대한 정책은 혼재되어 나타나기도 하는 것이 현실이다. 한국에는 전통적인 의미의 언론사로 통칭되는 미디어기업이 존재하나 산업적으로 규모의 경제를 기반으로 국제경쟁력을 지닌 복합 미디어기업은 아직 출현하지 않고 있는 상황이다. 세계경제의 글로벌화

---

9) 2006년 5월 경기일부와 인천을 가시청권으로 하는 경인민방(지배주주: 영안모자)이 방송위원회에 의해 허가되었다. 경영부실로 사업권이 취소된 과거의 iTV와 달리 단기간에 SBS에 필적할 만한 매체로 성장한다면 2공영 2민영의 구도로 발전할 개연성도 있다.

가 급속히 진행되고 있는 현시점에서 우리보다 방송산업의 역사가 깊은 미국을 비롯한 해외의 지상파 방송사들의 사업다각화 사례를 살펴봄으로써 국내 지상파 방송 사업자들이 국제경쟁력을 갖추는 데 필요한 적절한 다각화 방향을 찾는 데 있어 시사점을 줄 것으로 보인다.

<표10> 미디어산업 모델의 요약

구 분	시장 모델	공론장 모델
미디어의 개념	상품을 파는 사적기업	공중에게 봉사하는 공적자원
미디어의 목적	소유자와 주주를 위한 상업적 이익 창출	정보, 교육, 사회 통합을 통한시민의식의 촉진
수용자에 대한 시각	소비자로 인식	시민으로 인식
미디어의 소비조장	미디어를 즐기고 광고를 보며, 상품 구매하도록 유도	자신의 세계에 대해 배우며 능동적 시민이 되도록 유도
공익 프로그램	인기 있는 모든 프로그램	인기가 없더라도 다양하며, 실제적이고 혁신적인 프로그램
다양성과 혁신	혁신은 표준화된 방식이나 상업적 이익에 위협이 될 수 있음. 다양성은 새로운 틈새시장에 이르기 위한 전략이 될 수 있음.	혁신은 주로 시민들과 관계된다. 다양성은 공중의 견해와 취향을 나타내야 하는 미디어 영역에서 중심임.
규제에 대한 시각	주로 시장과정을 방해하는 것으로 간주함.	공익을 보호하는 데 유용한 도구.
미디어의 책임성	소유주와 주주	공중과 정부의 대의자들
미디어의 성공 판단	상업적 이익	공익에 이바지

자료원: David R. Croteau, William Hoynes(2003), *The Business of Media, Corporate media & public interest*, p.58

세계 미디어산업의 발전 추세는 대체로 성장, 통합, 세계화, 소유의 집중 등 네 가지로 요약할 수 있다.[10] 첫째, 성장(growth)은 동종기업의 합병과 인수를 의미하며 이는 그 어느 때보다 미디어 기업을 거대화시켰다. 둘째, 통합(integration)은 새로운 미디어 거대기업이 주도한 흐름이다. 이에 따라 영화, 출판, 라디오 등 비슷한 미디어 계열 기업을 합치는 수평적 통합과 생산과 분배의 서로 다른 단계들에 있는 기업을 합치는 수직적 통합, 또는 이 둘을 모두 포함하는 형태로 진행되어 왔다. 성장과 통합에 의한 규모의 경제의 추구[11]는 자연스럽게 미디어기업의 세계화와 소유의 집중을 유도하는 요인이 되었다.

기업의 통합은 기술발전에 따라 강제된 측면이 강한데 세계적인 미디어 기업들은 콘텐츠와 서비스의 융합을 통한 복합미디어 기업으로 변신하고 있다. 최근에는 양방향성이라는 디지털 시대 특유의 속성이 가미되고 동영상 콘텐츠가 서비스되며 부가가치를 높이고 있다. 이제 트리플 플레이 서비스(Triple play service) 수준을 넘어 QPS 서비스[12]까지 등장해 새로운 서비스 행태로 등장하고 있다. 20세기 초부터는 다국적 글로벌미디어 사업자들이 다양한 콘텐츠사업자, 네트워크 업체 등을 인수 합병함으로써 시장지배력을 확보해 수직적 계열화 및

---

10) David R. Croteau, William Hoynes(2003), *The Business of Media, Corporate media & public interest*, p.100.
11) 2000년 1월 10일 새로운 세기와 함께 전 세계 미디어산업계는 충격에 빠졌다. AOL(America Online)은 타임워너(Time Warner)를 인수함으로써 전례 없는 거대 미디어기업을 탄생시킨 것이다. 1,660억 달러에 이르는 거래는 지금까지 기업합병금액 중 최고로 기록되고 있다. 이는 1999년에 바이어컴(Viacom)이 CBS를 인수한 380억 달러(당시까지는 합병금액 중 최고액)의 네 배에 이르는 금액이다.
12) QPS(Quadruple Play Service : 인터넷, 방송, 유선 전화서비스+무선 전화서비스)를 새로운 서비스 형태로 주목받기 시작하고 있다.

수평적 다각화를 꾀하며 복합미디어 그룹으로 등장하고 있다. 〈표11〉은 콘텐츠 경쟁력을 확보하고 있는 사업자가 미디어 유통 및 네트워크 분야를 인수·확보함으로써 복합미디어 그룹으로 전환된 사례로볼 수 있다.

〈표 11〉 글로벌 미디어사업자의 수직적 계열화 및 수평적 다각화

구 분	미디어콘텐츠 제작 영역	미디어 유통, 네트워크 영역
타임워너	- 방송 : 터너브로드캐스팅 - 음악 : 워너뮤직 - 영화 : 워너브로Ent - 출판 : 타임, 타임워너북그룹	- 영화 : 뉴라인시네마, 씨네맥스 - 인터넷 : 타임워너케이블 - 통신 : AOL

NBC
유니버셜
	- 방송 : NBC TV 네트워크,
	  NBC 스튜디오,
	  유니버셜 TV
	- 음악 : 유니버셜뮤직
	- 영화 : 유니버셜픽쳐스
	- 게임 : 비방디유니버설게임
		- 방송 : USA네트워크, 사이파
		  이채널 등
		- 음악 : MP3.com, Emusic
		- 통신 : SFR-시제텔그룹

셋째, 세계화(globalization)이다. 정도의 차이는 있으나 주요 미디어 복합기업은 시장 활동영역을 세계로 확대하는 전 지구적 실체가 되었다. 넷째, 소유의 집중(concentration of ownership)으로 주요 미디어 기업들이 더욱더 많은 미디어 관련 지분을 획득함으로써 주요 미디어 기업의 소유구조는 점점 더 집중화되고 있다. 디지털 기술의 비약적 발전에 따라 미디어산업은 더 이상 고유의 영역에서만 생존을 담보할 수 없는 상황으로 사업 확장에 소요되는 시간과 비용을 줄이는 다양한 전략이 요구된다. 한국에서도 기업 간의 전략적 제휴를 통한 효율성 추구는 어느 정도 가능한 상황이나, 인수와 합병을 통한 규모의 경제 추구나 신문, 방송, 인터넷 등 이종매체의 교차소유를 통한 시장지

배력의 확대는 현실적으로 불가능한 상황이므로 미국이나 유럽처럼 미디어 기업의 빅딜 사례는 기대하기 힘든 상황이다. 한국의 지상파 3사는 앞서 살펴본 대로 케이블TV, DMB 등 뉴미디어를 중심으로 한 새로운 사업영역으로 활발히 진출하고 있으며, 한류열풍에 따라 콘텐츠 수출을 중심으로 해서 해외로의 진출도 활발히 추진하고 있는 상황이다.

2) 미디어기업의 사업다각화 형태

기업의 다각화(diversification)는 생산의 분산(spreading of production) 혹은 통합(integration)을 의미한다.[13] 포터[14]는 한 기업이 단일 산업이나 상품시장을 넘어서 복수상품시장 혹은 여러 산업으로 기업 활동을 넓혀가는 행위를 다각화로 지칭했다. 다각화에 대한 본격적인 연구의 시작은 1962년 챈들러(Alfred Chandler)[15]가 미국의 대기업들이 역사적으로 어떻게 다각화를 진행시켜 왔는가를 연구하면서부터 비롯된다. 그의 연구결과에 따르면 미국기업들은 한정된 시장에 주력하는 단일품목 생산에서 출발하여 전국시장으로 판매망을 확대하고 마케팅과 유통을 수직적으로 통합하고 점차 다양한 생산품목으로 제품별 다각화를 해왔다. 포터는 이상적인 다각화는 가치사슬(value chain)의 관점에서 기업이 보유하고 있는 가치활동의 범위를 넓힘으로써 기업의 자산과 기능을 개선시킬 수 있는 것이라고 규정한다. 즉 콘텐츠의 원재료를 보유하고 제작

---

13) Penrose, E. (1995), *The theory of the growth of film*, 3rd ed. Oxford University Press : New York.
14) Porter, M. E.(1980), *Competitive strategy*, New York : The Free Press.
15) Chandler, A. D.(1962), *Strategy and structure*, Cambridge, MA : MIT Press.

과 패키지 기능을 아우르며 유통단계의 마케팅과 서비스라는 모든 구성
요소를 통해 기업의 가치를 높이는 행위이다. 다각화의 정도(degree of
extent)에 주목한 산업조직모델(industrial organization economics) 학자
들은 다각화가 진행될수록 보다 나은 성과를 낳는다고 결론을 짓고 있
다. 반면에 다각화의 특성에 주목한 경영전략(business strategy) 학자들
은 다각화가 기업의 핵심사업과 얼마나 관련되어 있는가가 핵심이라고
밝힌다. 미디어기업의 다각화 형태는 수평적 다각화, 수직적 다각화, 보
완적 다각화, 복합형 다각화로 나눌 수 있다.

수평적 다각화(horizontal diversification)는 동일산업 내에서 유사한
상품과 서비스를 생산하는 기업들 간에 발생하는 것으로 방송산업에
서 수평적 다각화는 방송 콘텐츠의 경제적 특징에 따라 그 효과가 배
가된다. 방송 콘텐츠는 생산의 규모가 클수록 이윤의 규모가 큰 규모
의 경제(economies of scale)가 작용하기 때문이다. 수직적 다각화
(vertical integration)는 한 기업이 다른 기업의 상품/서비스를 자신의
생산이나 배급에 있어 이용하고자 할 때 발생한다. 방송산업에서의 수
직적 다각화는 한 사업자가 방송프로그램의 제작, 편성, 송출, 서비스
등 가치 사슬의 제반 단계를 수직적으로 통합하는 경우다. 보완적 다
각화(complementary diversification)는 기업 간에 상호 보완적인 요소
를 가지고 통합될 때 발생한다. 예를 들어 전화사업자가 케이블 업체
로 진출할 때 기존의 배급 인프라를 이용할 수 있고 신문사가 잡지를
펴낼 때 기존의 장비와 인력을 활용함으로써 파생되는 이익인 것이다.
수평적 다각화가 동일산업 내의 기업 간의 통합에 한정된 데 반해 보
완적 다각화는 유사산업으로의 진출을 포함하는 개념이다. 복합형 다
각화(conglomerate diversification)는 사업의 위험분산을 위해 비관련
분야로의 진출을 의미한다. 이 경우는 수평·수직·보완적 다각화에서

얻을 수 있는 시장 지배력의 강화와 범위의 경제 및 제작 및 배급에 있어서의 자원공유를 확보하기는 어렵다. 그러나 성공적으로 다각화가 진행될 경우 자금의 수급에는 우위를 점할 수 있다. 미디어기업이 금융업 등의 사업으로 진출하는 경우가 이에 해당된다. 미디어기업이 다각화를 수행하는 데에는 다양한 전략이 있을 수 있다. 신규사업을 진행하거나 시장에서 탄탄한 수익기반을 갖춘 기업을 인수·합병하거나 다양한 전략적 제휴방식을 취하기도 한다. 또한 시장의 확장을 꾀하기 위해 해외시장으로 지리적인 다각화를 추구하는 것도 미디어산업의 특징으로 볼 수 있겠다. 이러한 다각화 전략이 진행된다면 미디어산업의 재구조화는 자연스럽게 진행될 것이며, 다각화는 각 방송사업자들의 위상이나 종래의 질서를 변화시킬 정도로 미디어시장에서의 강력한 동인으로 작용할 것이다. 즉 다각화의 성공여부가 미디어 산업 재구조화의 변인이 되는 것이다. 미디어 기업이 발달한 각국의 사례를 보더라도 미디어산업의 재구조화는 미디어 복합기업들이 이윤을 극대화하고 비용을 절감하여 위험을 최소화하는 것을 목표로 하는 일련의 전략추구를 가능하게 했다. 새로운 거대 미디어 기업은 자신의 규모를 활용해 일반 소규모 기업들이 활용할 수 없는 전략을 추구하고 있다. 그들은 막대한 예산이 들어가는 프로젝트를 수행할 거대자본에 접근할 수 있으며, 광고를 집중적으로 할 수도 있고, 자신들의 생산품을 상호 판매 촉진시킬 수도 있다. 이들은 규모의 경제를 활용함으로써 효율성을 극대화시킬 수 있으며 한 프로젝트의 성공으로 다른 프로젝트에서 얻은 소실을 만회할 수도 있다.

2. 해외 주요 지상파 사업자들의 다각화 사례와 시사점

전통적으로 수신료 수입에만 의존해 오던 BBC는 1990년대 중반 이래 상업적 활동을 강화함으로써 새로운 재원을 창출하고자 노력하고 있다. 영국 정부는 1994년 7월 BBC의 미래에 관한 정책 백서를 발표하면서 앞으로 BBC가 새로운 멀티미디어 세계에서 국제적 방송사로서 그 역할을 강화해야 한다고 강조했다. 아울러 정부는 BBC에 대해 국내외 민간기업과의 합작사업을 권고하고 세계 시장을 무대로 영국의 경쟁력을 증진시켜 줄 것을 당부했다.[16] 결과적으로 현재의 BBC는 공익적 서비스를 위한 수신료 수입 외에 상업적인 부가 서비스의 개발 및 보급과 유료 채널의 운용을 통해 수익을 확대할 수 있도록 법적으로 보장받고 있다. BBC의 상업활동과 국제사업을 총괄하고 있는 BBC Worldwide는 현재 전 세계 방송사들에 BBC 아카이브에 있는 프로그램을 판매하는 것을 비롯하여 국내외 시장을 대상으로 BBC 프로그램으로 제작한 비디오/오디오물과 이들 프로그램을 지원하는 각종 잡지와 서적, 그리고 교육 보조물 등을 개발, 판매함으로써 상당한 수익을 올리고 있다. 그리고 세계적인 뉴스채널인 BBC World와 각종 드라마, 코미디, 아동물, 논픽션물 등을 제공하는 BBC Prime 등을 통해서도 수익사업의 영역을 확대하고 있다.

BBC는 BBC 브랜드를 가진 상업적 서비스들이 다음의 네 가지 기준을 충족시키지 않으면 안 된다고 천명하고 있다. 첫째, 수용자에 대한 BBC의 서비스를 확대하고 지원하거나 강화해야 한다. 둘째, 서비스는 고품질의 것이어야 하고 BBC의 핵심 가치들과 조화되어야 한다. 셋째, 시장에 새롭고 차별적인 차원의 선택, 질 또는 편의를 제공해야

---

16) MBC(1996), 영국의 방송구조와 정책, pp.91~98.

한다. 넷째, 프로그램에 대한 재투자를 위해서는 BBC에 재정적인 보상이 돌아올 것이라는 현실적인 전망을 기약해야 한다.[17] BBC는 디지털 시대에도 수신료 수입에 의해 운영하는 것을 기본 원칙으로 하고 있으며, 이러한 상업적 활동을 통해 얻어지는 수익은 디지털 방송의 공공 서비스를 확대하는 데 재투자하기 위한 것임을 계속해서 강조하고 있다. BBC의 이러한 상업적 활동은 전통적 재원인 수신료를 보충하는 훌륭한 재원기반으로 확립되어 가고 있으며, BBC의 세계화 전략에도 부응한다고 할 수 있다. 그러나 이러한 전략은 세계시장에 팔 수 있는 프로그램 자원을 풍부하게 갖춘 방송사가 아닐 경우 당장에는 큰 도움이 될 수 없을 것이다.

미국에서도 새로운 미디어의 등장, 프로그램 제작비의 상승, 지상파 방송의 시청률 부진 등은 지상파 방송사들과 광고주들 간의 관계를 긴장관계로 이끌고 있다. CBS의 레슬리 문브스는 광고주들은 매년 사전 광고시장에서의 거래가 약화될 것이라고 홍보해 지상파 방송의 광고비를 하락시키도록 만들고 있다고 주장하고 있고, 광고주들은 지상파 방송이 예전만큼의 광고효과를 보장하지 못하고 있으며 이러한 현실은 광고료에 반영되어야 한다고 반박하고 있다. 따라서 지상파 방송의 광고수익은 획기적인 증가를 기대하기는 어려운 것이 사실이라고 할 것이다.[18] 미국 지상파 방송의 광고는 그동안 이들 수익원의 대부분을 차지했으나 케이블의 성장과 뉴미디어의 등장은 지상파 방송이 지난 50여 년 동안 지켜온 시장을 크게 위협하고 있다. 지상파 방송은 이러한 위협에 대처해 다양한 새로운 수익원을 모색하고 있으며, 이는

---

17) BBC(1996), Extending Choice in the Digital Age 《KBS(1996), 방송연구 자료2. p.72 재인용》.
18) KBS(2006), 해외방송정보 4월호, p.28.

주로 DVD, 주문형 비디오의 유료 판매 등 기존의 콘텐츠를 활용한 창구의 다양화에 초점이 맞춰지고 있다. 단기적으로는 광고를 통한 수익이 다른 매체에 의해 줄어든다고 하더라도, 그들이 보유하고 있는 콘텐츠를 활용한다는 지상파 방송의 전략은 장기적으로는 뉴미디어와의 결합과 더불어 새로운 수익원을 개발하는 기회로 작용하고 있다. 미국의 NAB TV 부회장은 미디어 융합시대의 지상파 방송의 생존전략(How will terrestrial TV compete in the digital era?)이라는 발제문[19]을 통해 미국에서도 지상파 방송들이 새로운 비즈니스 모델 실험 중에 있다고 주장하고, 케이블TV와 경쟁하기 위해 광대역 주파수 공유, 케이블 SO에 콘텐츠 제공에 따른 유료화 시도, 타켓별로 세분화된 멀티 캐스트 채널 기능 강화, 다양한 플랫폼에 제공이 가능하도록 콘텐츠 재가공, 데이터 방송 제공, VOD서비스 강화, PPL 및 쌍방향 광고 확대 등을 주요 전략으로 소개한 바 있다. 한편, 미국의 대표적 지상파 네트워크의 하나인 NBC는 인터넷을 통한 공격적인 사업다각화로 주목을 받고 있다. NBC는 〈표12〉와 같이 2005년과 2006년에 잇달아 인터넷 업체를 인수했다.

〈표12〉 NBC의 인터넷 업체 인수효과

구 분	myspace	ivillage
인수비용	5억 8천만 달러	6억 달러
인수시기	2005년 10월	2006년 3월
월방문자 수	3,730만 명	1,340만 명
효 과	접속률 318% 증가*	수입 36% 증가**

*2005년 2월~ 2006년 2월, **2004~2005년
자료원: 뉴스위크 한국판 2006. 3. 22 p.47

---

19) Marcellus W. Alexander(NAB TV담당 부회장) 2005.11.17, BCWW2005 컨퍼런스(한국방송광고공사 주최), KOEX

일본의 방송은 공영방송(NHK)과 민방이 경쟁적으로 공존하는 2원적인 구조를 가지고 있다. 최근에는 뉴미디어의 등장에 따라 지상파 방송, 케이블TV, 위성방송(BS, CS)으로 다원화되고 있으며 방통융합 국면에서 다양한 변화에 직면해 있다. 일본은 아직까지 지상파 방송이 뉴미디어를 지배 내지는 보완하는 관계에 있으므로 지상파의 지배력은 여전히 막강한 것이 현실이다. 그에 따라 절박한 위기감은 없으나 이미 통신위성을 이용한 전문채널, 케이블TV 네트워크를 이용한 인터넷 접속서비스의 등장 등 서비스의 다양화와 전송로 및 단말의 융합이 가속화되면서 지상파 방송의 중·장기적인 활로 모색이 가시화되고 있다. 지상파 방송이 모색하고 있는 활로의 특징은 뉴미디어의 보완적 역할을 활용하면서도 통신과의 융합현실을 반영한 수입창출에 주력하는 측면이 강하다. 매력적인 콘텐츠 창출로 '원 소스 멀티 유즈' 전략을 통해 기득권을 유지하려는 것이다. 그래서 2011년으로 예정된 지상파의 디지털 전환으로 본격화될 디지털 콘텐츠의 활용이 중시되는 것이다.[20]

프랑스의 경우 2004년도 지상파 방송이 전체 방송시장에서 차지하는 비중이 86.9%에 이르고, 방송광고의 경우 지상파 방송이 전체 방송광고 매출액의 95.98%를 차지하고 있다. 사실상 방송광고 전체를 독점하고 있다고 할 정도로 지상파의 위력이 막강하다. 프랑스는 TV를 보유한 전체 가구 중 약 1/4만이 케이블, 위성 등 각종 유료방송에 가입한 나라로 유럽연합 내 유사한 경제력을 가진 나라들 중 그 보급률이 가장 떨어진다. 2001년 이후 프랑스에서도 이동통신, 고속 인터넷, VOD, DVD 등 각종 정보통신 산업은 폭발적으로 성장하고 있다.

---

20) 한영학(2006), 일본 방송통신 융합의 주도권 싸움에 무게, 신문과 방송 2005. 8월호, p.32.

그렇지만 정보통신에 대한 지출이 전체 가계지출의 30%선에 육박함에 따라 소비자들은 케이블이나 위성방송, 영화 및 각종 문화 활동에 지출되는 비용을 가장 먼저 줄이는 추세를 보여주고 있는 것이다. 대부분의 국가와는 달리 프랑스의 경우는 케이블 및 위성방송이 지상파의 경쟁상대로 부상하지 못하고 있음을 보여 주고 있다.[21]

앞서 살펴본 대로 세계적인 지상파 방송사들은 콘텐츠의 우위를 바탕으로 다양한 채널을 운용함으로써 규모의 경제와 세계적인 유통배급망 측면에서 우위를 점하려는 노력(BBC)을 포함해 인터넷이라는 이종매체를 과감히 인수해 채널 인지도를 활용해 인터넷 방문자 수와 수익을 증대시킨 경우도 있으며(NBC), 매력적인 콘텐츠 창출을 통한 '원 소스 멀티 유즈' 전략을 통해 기득권을 유지하려는 사례(NHK)도 발견된다. 따라서 국내 지상파사업자들로서는 다양한 수준에서의 벤치마킹 대상으로 활용할 필요성이 제기된다.

---

21) 박진우(2006), 프랑스 — 다채널 소유한 지상파의 독점 심화, 신문과 방송 2005. 8월호, pp.34-35.

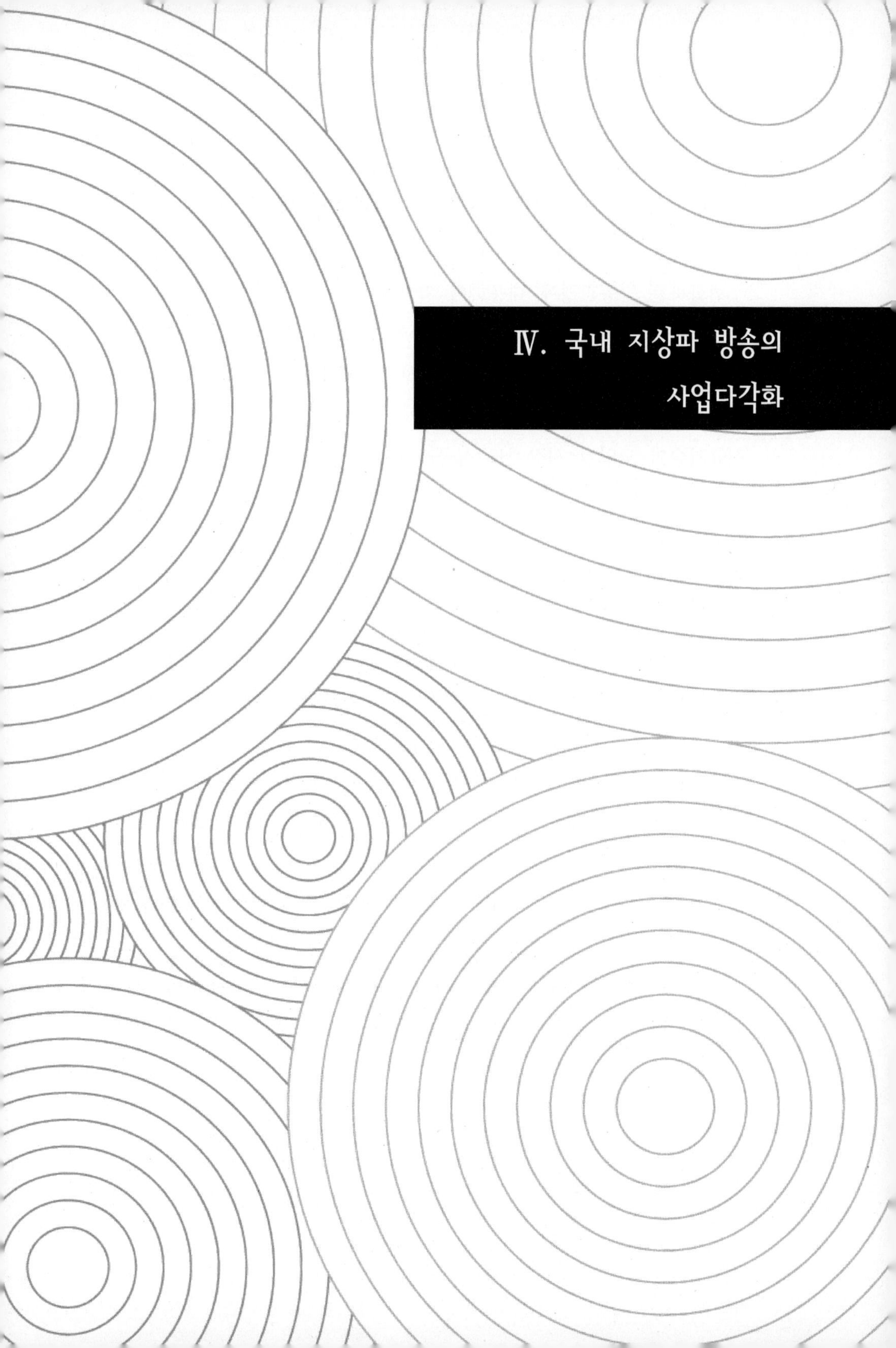

Ⅳ. 국내 지상파 방송의 사업다각화

1. 비즈니스 생태계 모델 이론[22]과 국내 방송산업의 진화

변화하는 방송환경에 대응하여 지상파 방송사가 어떠한 형태로 사업다각화를 진행시켜 조직의 외연을 확장하고 생존능력을 극대화하는지를 알기 위해 '비즈니스 생태계' 모델을 원용했다. 비즈니스 생태계 이론은 시간의 흐름에 따라 황무지에 식물 생태계 군이 형성되듯이 신규기술이 도입된 시장에도 신규가입자를 중심으로 생태계 군이 형성 발전해 간다는 이론이다. 이 이론에 따르면 경영자가 고객, 시장, 서비스, 조직 및 경영구조, 정부 및 사회정책 등 다양한 변수에 대응하는 양상에 따라서 특정 비즈니스 생태계 군이 발전 내지는 쇠퇴한다고 할 수 있다. 비즈니스 생태계 모델 이론을 단계별로 살펴보면, 1단계는 개척단계로 특정 기술이나 개념이 급속히 기존보다 우월한 상품과 서비스를 창출할 때, 초기 기업가적 실험정신의 채택자들이 이것을 채택해 주식투자자, 주요동맹자, 회소자원들을 규합하는 단계이다.

2단계는 확장단계로 사업 분야에 새 참여자가 참가할수록 생산물의 양이 축적되고, 규모의 경제가 구축되며, 생태계는 신규 진입자들로부터 경쟁에 직면하게 된다. 성공을 위해 주어진 시장 영역 내에 선호되는 상품을 중심으로 새 파트너를 규합하며, 자기 위상을 지키기 위해 희소자원을 지켜가야 하는 단계이다.

3단계는 구조적 성숙단계로 생태계나 안정적 위상의 라이벌이 대두되며 경쟁이 격화되는 단계이다. 새로운 진입자가 위상의 차지를 위해

---

22) J. F. Moore & Stacey Koprince, "A Digital Television Ecosystem: The Battle to Shape the Future," in Darcy Gerbarg (ed)., *The Economics, Technology and Content of Digital TV*: (Boston, Dordrecht, London: Kluwer Academic Publishers. 1999). pp.165~167 재구성.

새로운 개념과 사업활동을 벌임에 따라 초기시장을 확보했던 지도자도 협력자들의 규합을 강화하고 새로운 생태계와의 접촉을 시도하는 등 방어에 주력하는 시기이다.

4단계는 위기 및 모색단계로 새로운 기술이 새로운 생태계를 부상시킬 때 기존 생태계는 위태로워지는 단계다. 규제환경, 경제적 환경, 또는 시청자의 선호와 구매패턴 등의 변화에 따라 적절히 대응한 혁신적인 새 생태계에 이득이 커지는 단계이기도 하다. 새 생태계로 들어가기 위해 기존 생태계로부터 빠져나오는 참여자들이 생기며, 기존 생태계는 결과적으로 환경에 잘 적응하지 못해 자신의 남아 있는 고객·공급자·주식투자가의 욕구를 잘 충족시키지 못하게 되므로, 자체의 축적된 자원과 경험을 가지고 생명주기의 확장방법을 모색해야 한다. 비지니스 생태계 모델 이론에 따른 국내 방송산업의 시기는 개척단계, 확장단계, 구조적 성숙단계, 위기 및 모색단계로 구분해 볼 수 있다. 첫째, 개척단계는 1961년 KBS가 TV방송을 개시하고부터 1990년 민영방송 SBS가 생길 때까지로 볼 수 있다. 이 이전 시기에는 본격적인 미디어 비즈니스가 전개될 상황이 아니었고 방송은 신문의 보조매체 정도로 라디오가 국민의 여가 및 오락에 기여하는 수준의 상태였다고 할 수 있다. 1961년부터 약 30년간도 비즈니스 논리보다는 정치적인 논리가 방송을 지배했기 때문에 본격적인 미디어 비즈니스 생태계가 형성되기 힘든 여건으로 볼 수 있다.

둘째, 확장단계는 1995년 이후부터 2002년까지로 볼 수 있다. 1995년 종합유선방송의 출범한 시기부터 한국의 미디어 시장은 본격적인 확장되는 계기를 맞았다. 케이블TV라는 신규 진입자를 맞아들임으로써 지상파 방송은 동종시장의 경쟁자를 신문은 이종매체의 잠재적 경쟁자를 맞아들이게 된 것이다.

셋째, 구조적 성숙단계는 위성 TV가 도입된 2002년부터 2005년까지로 볼 수 있다. 케이블TV 사업자가 손익분기점을 통과하는 업체가 속속 등장하고 M&A를 통해 MSO 및 MPP가 본격적으로 시장에서 위력을 발휘하는 시기이기도 하다. 또한 위성TV 등장으로 본격적인 다매체, 다채널 환경이 펼쳐져 미디어 생태계는 더욱 복잡다기한 환경을 맞게 된다. 지상파TV는 기존시장의 방어 및 새로운 시장인 케이블TV로의 진출을 위해 새로운 생태계인 통신사업, 케이블TV 사업자와의 접촉을 강화하는 현상이 나타났다.

마지막으로 위기 및 모색단계는 2005년 이후 현재까지로 정의할 수 있다. 방송과 통신이 융합된 신기술에 의한 DMB가 시장에 출시되면서 기존의 미디어 생태계가 혁신적인 새로운 생태계에 적응해야 할 과제를 안게 되었다. 지상파의 수익구조가 악화됨에 따라 지상파위기론이 등장하고 지상파의 생명주기의 확장의욕이 사업다각화에 대한 욕구로 나타나 다양한 부대사업을 모색하는 양상을 보여 주고 있다. DMB방송의 출현으로 방송과 통신의 융합국면이 본격화되면서 미디어 비즈니스 생태계는 더욱 복잡한 양상으로 전개되고 있다.

2. 지상파 방송 3사의 사업다각화 배경

1) 지상파 방송사의 수익구조와 사업다각화의 한계

현재 한국의 지상파 방송 구도는 2공영 1민영 구도이지만 수익구조 측면에서 MBC도 상업방송의 하나로 볼 수 있다. 즉 MBC도 대부분의 재원이 광고 의존적인 수익구조이며, KBS 또한 광고료 대비 수신료가 6:4 정도로 여타 세계적인 공영방송사보다 높게 나타나고 있다. 결과적으로 방송 3사의 광고시장을 통한 무한경쟁 구도는 시청률 경쟁구도의 격화를 유발하고 그에 따라 지상파 방송 3사의 공영적 색깔이 무디어지고 있는 것이 현실이다. 또한 매출구성을 살펴봐도 광고시장 의존도가 크다는 것을 알 수 있다.

<표13> 방송 3사의 매출액 구성

(단위: 백만 원, %)

구 분	항 목	2003년		2004년	
		금 액	비 율	금 액	비 율
KBS	수신료수익	499,692	40.5	513,391	42.3
	광고방송수익	677,105	54.9	627,852	51.7
	협찬수익	32,195	2.6	37,740	3.1
	기타 방송수익	25,218	2.0	35,997	3.0
	계	1,234,210	100.0	1,214,979	100.0
MBC	광고수익	673,669	97.6	643,845	94.6
	네트프로판매수익	90	0.0	1,940	0.3
	사업수익	16,214	2.3	34,749	5.3
	계	1,907,969	100.0	680,534	100.0
SBS	방송광고수익	592,576	97.1	564,514	95.6
	사업수익	16,739	2.7	25,214	4.3
	농구단수익	790	0.1	654	0.1
	계	610,105	100.0	590,383	100.0

자료원: 한국언론재단(2006), 2005 언론 경영실태 분석, p.243.

이러한 매출구성을 볼 때 지상파 방송사로서는 경기상황이나 다매체화에 광고수익이 감소하거나 예측이 불가능한 상황이 되므로 경영의 불확실성 요인을 줄이고 안정적인 수익기반을 확보한다는 측면에서 광고 이외의 수익원을 발굴하려는 사업다각화 노력을 펼치는 것은 불가

피한 선택이다. 한국의 지상파 방송사들의 다각화전략은 시기별로 그 형태를 달리해 환경변화에 대응한 미디어기업의 생존전략 측면의 변화상을 엿볼 수 있다. 미디어산업과 다른 산업의 특징적 차이는 미디어산업은 비록 민영기업일지라도 공익적 책임으로부터 자유로울 수 없다는 점이다.[23] 그러므로 시장경쟁과 공익성의 갈등은 미디어산업에서 일정부분 필연적인 것으로 볼 수 있는데, 2공영 1민영 방송체제를 근간으로 해 온 한국에서는 이종매체 겸영에 대한 소유제한이 엄격히 이루어지고 있는 편이다. 이 점은 국내 지상파 방송사에게 일정 부분 미디어산업의 글로벌화와 사업다각화의 관점에서는 제약요인이다.

<표14> 방송사의 소유제한 및 겸영제한의 범위*

규제사항 / 사업자	소유제한				겸영제한			
	대기업	외국자본	일간신문	1인지분	지상파	SO	위 성	PP
지상파 방송사업자	금지	금지	금지	30%	–	금지	30%(주식)	–
종합유선방송사업자(SO)	–	49%	33%	–	금지	20%(주식)	–	20%
위성방송사업자	33%	33%	33%	–	–	33%	33%(주식)	–
방송채널사용사업자(PP)	–	49%	–	–	–	20%(구역)	–	33%(매출액)
보도PP	금 지	금지	금지	30%	–	20%(구역)	–	33%(매출액)

*2006. 6월 현재. 각종 방송법령집 참조.

<표14>로 확인되듯이 방송시장의 겸영규제는 사실 지상파 방송사가 그 핵심이다. 이러한 상황에서도 지상파 3사의 사업다각화를 강제하는

---

23) 임정수(2004), 디지털시대의 미디어산업, 한울 아카데미, p.129.

요인은 앞서 살펴본 대로 한정된 광고시장에서의 점유율 하락과 그에 따른 생존 논리의 모색이다. 광고는 경기에 민감한 속성을 가졌기 때문에 안정적인 경영계획의 수립을 위해 이의 다원화가 필요하다. 수신료의 확충은 광범위한 사회적 합의가 필요하고 거대 자본의 유입은 공익성을 저해하는 요소가 된다. 이와 같은 상황에서 지상파 방송사는 사업다각화를 모색할 수밖에 없는 상황이다. 즉 광고시장 의존율을 낮추고 수익원을 다변화하는 것이 목표이다. 광고수입은 무엇보다 광고수익의 극대화를 위해 시청률 경쟁 프로그램의 선정성과 상업화를 수반하게 될 가능성이 크며 광고주가 방송프로그램에 영향력을 행사할 우려가 있다는 구조적 취약성이 노출된 한계도 있다. 그런 의미에서 역설적으로 수익원의 다각화는 방송사의 공영성을 담보할 수 있는 하나의 장치가 될 수도 있다. 다각화를 넓은 의미로 본다면 기업의 경영전략 대부분이 다각화의 일환이라고 할 수 있다. 기업이 수익의 원천을 다양화하고 고객과 지역, 제품을 다채롭게 개발하는 모든 활동이 곧 다각화와 맞닿아 있기 때문이다.

한국의 지상파 방송에 방송콘텐츠의 파괴력을 체험하고 스포츠마케팅이나 글로벌화에 대한 문제의식, 규모의 경제나 사업다각화에 대한 동인을 제공한 중요한 이벤트는 1988년 서울 올림픽이라고 할 수 있다. 관 방송사인 KBS는 물론, MBC도 1980년대 후반부터 규모가 한층 커진 한국 방송시장에서 관료적이고 비전문적인 경영행태로는 운영이 어렵다는 문제의식을 가지게 되었으며, 이는 다각화의 중요한 변수가 된 것이다. 이 시기에 국내의 방송광고시장 규모는 1987년 4,006억 원, 1988년 4,967억 원, 1989년 5,890억 원으로 급성장했고, 1994년에는 1조 1,851억 원으로 1조 원대의 시장으로 성장했다.[24] 1989년 종

---

24) 자료원: 한국방송광고공사.

합주가지수도 1,000포인트를 돌파하는 등 한국경제가 호황기를 구가했고 그에 따른 기업들의 광고비 급증에 따른 반사 이익까지 누리게 된 것도 방송산업이 급성장하는 배경이 되었다.

지상파 방송 3사의 사업다각화의 주요한 배경은 광고 의존적 매출구조의 탈피와 방송시장의 성장에 따른 합리적 경영전략 수립 요구로 요약할 수 있다. 지상파 방송의 사업다각화에는 이종매체 겸영 제한을 포함한 정책적인 측면과 함께 공공성을 바탕으로 하는 산업의 특성이 일정부분 제약요인으로 작용하고 있다.

2) 수익성 악화와 시장 지배적 사업자로서의 위상 변화

① '지상파 위기론'의 본질

현재 지상파 방송사들이 위기라고 말하는 것의 실체는 다분히 방송사의 수익구조 악화와 맞닿아 있다. 앞서 언급한 대로 매체 환경과 수용자의 매체선호도 변화 그에 따른 기업의 마케팅 전략이 변화하는 상황에서 주 수익원인 광고 수주액이 줄어든 것이 수익구조 악화의 원인이다. 그러나 이런 구조적인 상황은 이미 충분히 예견되어 왔고 갑자기 벌어진 상황들이 결코 아니다. 또한 지상파 방송 3사도 어느 정도 환경변화에 대비해 왔다고 볼 수 있다. 대표적 사례로는 지상파 방송 3사는 이미 적극적으로 케이블TV 시장에 참여하고 있다. 지상파 3사의 자회사는 케이블TV PP사업에 진출해서 커다란 성과를 거두고 있는 것이다. 2004년 지상파 계열 PP의 매출액은 1,573억 원으로 전년의 1,031억 원보다 542억 원 증가했으며, 일반 PP 전체 매출액 대비 지상파 계열 PP 점유율은 2004년 13.6%로 2003년도 11.2%보다 증가세를 보이고 있다.[25] 시청점유율 또한 아래 표와 같이 상위권을 독식하다시피 하고 있는 것이다.

〈표15〉 케이블TV 월간평균 시청점유율

(2005.9월 기준)

순 위	PP(방송채널사용사업자)	시청점유율
1	MBC드라마넷	8.7%
2	투니버스	8.7%
3	SBS드라마플러스	7.7%
4	KBS SKY 드라마	7.4%
5	OCN	5.6%
6	MBC ESPN	4.2%
7	Home CGV	4.2%
8	JEI 재능방송	3.9%
9	YTN	3.7%
10	슈퍼액션	3.3%

자료원: TNS미디어코리아, 헤럴드경제 2005.11.10에서 재인용

지상파 방송 3사는 케이블TV를 통한 성공적인 사업다각화에 이어 또 하나의 사업다각화 대상인 지상파 DMB사업도 진행 중에 있다. 아직 초기 사업 투자단계이고 광고수요나 수용자의 선호도를 정확히 예측할 수 있는 상황이나 미래 수익원으로서의 가능성을 타진하고 있는 것이다. 〈표16〉은 DMB는 '세계 최초'라는 수식어가 붙을 만큼 한국이 선도해 가고 있는 매체시장이기에 그만큼 시장의 불확실성 또한 크므로 기관별로 시장의 성패의 열쇠가 되는 '가입자 수'에 대한 전망치가 엇갈리고 있음을 보여주고 있다.

---

25) 방송위원회, 2005년 방송산업 실태조사 보고서, p.24.

<표16> 조사기관별 DMB 가입자 수 전망

(단위: 천 명)

		구 분	2005	2006	2007	2008	2009	2010
한국 리서치 2003.7	위성 DMB	월 12,000원	770	1,870	3,270	4,730	5,880	6,500
		단말기 보조금	1,100	2,880	4,690	6,780	8,430	9,330
		지상파 미제공시	360	880	1,540	2,230	2,770	3,060
	지상파 DMB		526	2,514	5,250	6,093	6,876	7,654
ETRI 2004.9	위성 DMB		2005	2006	2007	2008	2009	2010
		비관적 전망	121	316	624	1,094	1,767	2,646
		낙관적 전망	280	750	1,480	2,460	3,540	4,570
	지상파 DMB		800	2,100	4,010	6,460	9,090	11,420
TU 미디어 2004.12	위성 DMB		2005	2006	2007	2008	2009	2010
			660	1,400	2,660	5,760	6,590	7,210

자료원: KT 경영연구소, 위성DMB 사업성 분석, 2005.06

또한 디지털 방송전환을 계기로 쌍방향데이터방송도 준비 중에 있다. 이렇게 보면 지상파 방송사는 전반적인 미디어 산업의 변화 흐름을 읽고 적절하게 대처하고 있다고 볼 수 있다. 다만 대처가 쉽지 않는 것은 바로 지상파 방송 광고시장 축소와 함께 유료방송 시장으로의 전이현상이다. 지상파 방송이 갑자기 위기라고 체감하게 된 계기는 바로 광고 수입의 구조적 감소에 따른 것이다. <그림9>에서 보듯이 2002년 2조 7천억 원, 2003년 2조 6천억 원, 2004년 2조 5천억 원 그리고 2005년 2조 4천억 원 수준이라면 이는 종전까지 인식해 왔던 일시적인 경기불황 탓이 결코 아니다. 2002년은 월드컵 특수가 반영된 수치라고 하더라도 최근 3년간의 광고 수주액은 하향세를 보이고 있는 것이 사실이다. 광고시장의 구조적 축소가 시작된 것이다. 국내 광고산업 전체를 놓고 볼 때 국민총생산(GDP)대비 총 광고비율이 1%를 채 넘지 못하고 있으며,(0.9%) 전반적인 경기상황 및 저성장 기조를 감안한다면 상당기간 정체하거나 소폭의 감소세를 예상할 수 있다. 이렇게 최근의 지상파 위기론의 본질은 사실상 광고 수익의 감소에서 출발하고 있는 것이다. 지상파 위기론을 논하기 전에 먼저 지상파가 그동안 한국시장에서 안정적으로 성장할 수 있었던 기반에 대해 살펴볼 필요가 있겠다. 지상파 TV가 장기간 군림한 이유는 한마디로 다매체 환경이 아닌 상황에서 비용대비 광고효과가 가장 뛰어난 매체, 가장 높은 접촉도와 이용자를 가진 매체이자 소비자의 신뢰도와 친숙도 또한 높았기 때문이다.

<그림8> 방송광고시장의 환경변화

산업현황	
	▷ 다채널 다매체의 복합디지털 미디어로의 전환
	▷ 뉴미디어 성장에 따른 지상파 방송광고의 성장 정체

기술변화	
	▷ 방송통신의 융합과 기술발전의 가속화
	▷ 기회와 위험요인에 대한 인지와 대응역량 부족

시장변화	
	▷ 선진국형 저성장 경제구조 진입에 따른 광고비 성장률 정체
	▷ 시장정체에 따른 시장분할과 경쟁의 격화

그러나 현재의 위기에 대한 진단에는 이견이 있더라도 미래의 위기설에는 다수가 동의한다. 그 근저에는 <그림8>과 같은 패러다임 변화의 기조가 감지되고 있기 때문이다. 즉 미디어산업의 전반적인 변화와

기술적인 변화에 시장의 변화까지 맞물려 있다고 볼 수 있다.

지상파의 위기를 거론할 때 대체적으로 가장 우선적 논거로 제시하는 것이 재정적인 위기이다. 두 번째는 타 매체와 차별화되는 공적 정체성의 문제다. 재정적인 위기 측면에서 볼 때, 2004년 KBS가 638억 원의 적자를 기록한 것은 하나의 상징적인 측면이 있다. MBC와 SBS는 그 정도는 KBS에 비해 덜하지만 광고수익의 감소는 수익성의 악화로 귀결되기 때문에 방송 3사가 공히 심각성을 인지하고 있는 것이다. 광고수익에 재원의 상당부분을 차지하는 지상파 방송의 수익구조는 현재로서는 결과적으로 광고매출의 변화에 기업생존의 사활을 걸고 있는 입장이다. 1995년부터 PP중심으로 광고판매를 시작한 케이블 TV의 경우 1996년부터 광고판매액이 1,000억 원대에 진입했고 2002년에 2,000억 원대를 돌파하고 2004년에는 4,000억 원대로 급신장했다. 인터넷 매체도 1995년부터 광고판매를 시작해 2000년부터 온라인 광고 판매액이 1,000억 원대에 들어서더니 2004년에는 4,000억 원에 근접하면서 라디오를 추월했다. 위성채널인 스카이라이프의 경우도 가입자 100만 가구 돌파 후 광고판매를 개시해 2004년에는 31억 원의 수익을 올린 바 있다.[26]

---

26) 김인규(2005), 방송인 김인규의 공영방송 특강, 커뮤니케이션북스, p.165.

<표17> 매체별 광고판매액 현황

연 도	신 문	지상파 TV	라디오	잡 지	케이블 TV	온라인
1994	1조 7778	1조 409	1,486	1,577	0	0
1995	2조 1411	1조 3023	1,734	1,761	486	40
1996	2조 3168	1조 5866	2,117	2,078	1,129	139
1997	2조 1261	1조 5486	2,314	2,130	1,282	380
1998	1조 3437	1조 261	1,372	1,024	1,166	537
1999	1조 8055	1조 4922	1,753	1,300	1,281	812
2000	2조 1214	2조 687	2,504	1,634	1,736	1,360
2001	1조 7500	1조 9537	2,372	4,605	1,652	1,281
2002	2조 200	2조 4394	2,780	5,465	2,345	1,850
2003	1조 8900	2조 3671	2,751	5,006	2,975	2,700
2004	1조 7436 (26.2%)	2조 2350 (33.5%)	2,653 (4.0%)	4,256 (6.4%)	3,999 (6.0%)	3,927 (5.9%)

자료원: 제일기획 사보(2005.3) 김인규(2005), 방송인 김인규의 공영방송 특강,
커뮤니케이션북스, p.166에서 재인용

　〈표17〉에서 보듯이 올드미디어(신문, 지상파TV)와 뉴미디어(케이블TV, 온라인 광고)의 명암이 최근 수년간에 확연히 엇갈리고 있다. 또한 〈그림12~14〉을 보면 방송광고시장의 정체현상을 감지할 수 있다. 논자에 따라서는 지상파 방송의 위축을 일시적인 상황으로 보고 지상파의 위기가 아닌 지상파 방송사의 위기로 해석하기도 하지만 주 수익원인 광고수익의 위축은 광고시장이 대표적인 경기선행지수[27]의 하나이므로 그만큼 외생변수에 대한 의존율 측면이 큰 방송사로서는 위험요인을 안고 있다고 하겠다. 여기서 방송사의 수익다각화 필요성이 제기되며, 앞서 살펴본 대로 지상파 방송사도 케이블TV PP사업진

---

27) 광고시장의 체감경기를 나타내는 ASI지수는 종합주가지수인 KOSPI와 함께 대표적인 경기선행지수로 분류되고 있다.

출을 비롯해 일정부분 다각화 측면에서 성공을 거두고 있지만, 이것이 미래의 생존을 담보할 정도의 수준이 되지 못하고 매체환경의 근원적인 변화와 수용자의 수용행태 변화 등 근원적인 요인이 내재되어 있다는 데에 위기론의 본질이 있다고 하겠다.

<그림9> 최근 10년간 방송광고비 변화추이

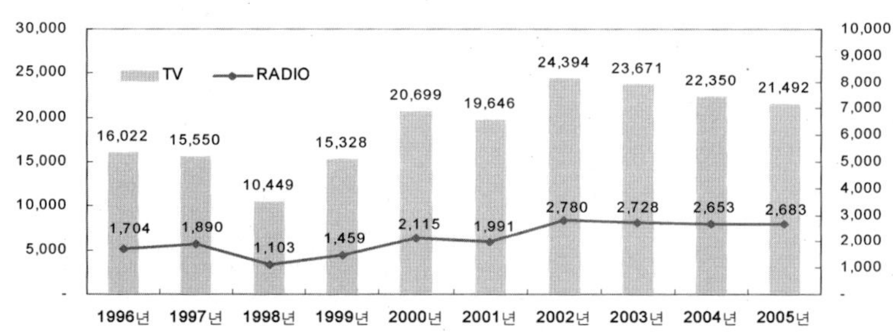

자료원: 한국방송광고공사

<그림10> 방송광고비의 전년대비 증감률

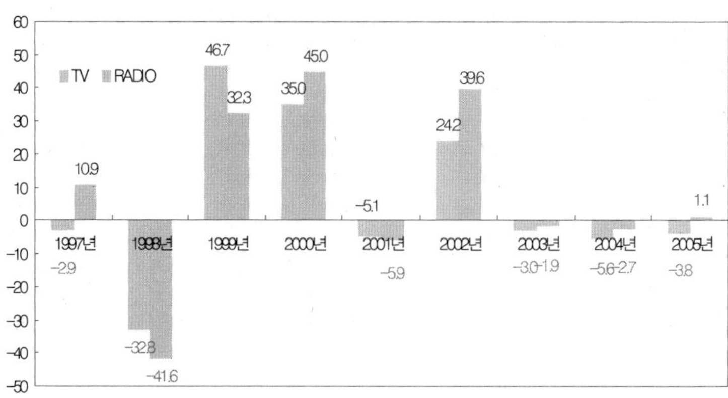

자료원: 한국방송광고공사

한편 KBS·MBC·SBS·EBS 등 지상파TV 4사가 2006년부터 2012년까지 7년간 디지털 전환을 위해 총 6,379억 원을 투자할 것으로 조사됐다. 기 투자된 금액까지 고려하면 지상파TV의 디지털 전환 금액은 총 1조 2,362억 원이 소요될 것으로 예상됐다.[28] 이 또한 경영상의 중요한 압박요인의 하나임이 분명하다.

② 지상파 방송 3사의 독과점적 지위 확보 배경

지상파 방송이 한국의 방송시장을 지배하게 된 데에는 다양한 요인이 있을 수 있으나, 이를 3가지 정도로 요약할 수 있다. 첫째는 타 매체 대비 우월한 수용자 접촉여건을 갖춘 기술적 요인, 둘째는 정부의 정책적 요인, 셋째는 안정적인 재원조달 구조이다. 우선 지상파 방송사는 양질의 주파수를 통한 네트워크를 확보하고 있었다. 지상파 방송의 비교우위 요소 중에서 높은 효율성을 지닌 주파수를 가졌다는 점을 빼놓을 수 없다. 현재 지상파 방송이 사용하고 있는 초단파(VHF) 주파수 대역은 현존하는 네트워크 중 가장 도달률이 좋아 경제성, 효율성이 높은 것이다. 상대적으로 위성신호는 전파의 특성인 직진성, 신호 미약 등으로 손실률이 높아 효율성이 크게 떨어진다. 이에 반해 지상파 주파수는 신호의 강도, 회절성이 좋아 웬만한 지하 공간, 건물 내부에까지 쉽게 전달된다. 양질의 주파수를 배타적으로 사용함으로써 경제성과 효율성을 동시에 확보할 수 있었던 것이다. 이러한 기술적인 이점을 바탕으로 지상파 방송사는 네트워크와 콘텐츠 제작을 수직적으로 통합함으로써 가장 효율적인 비즈니스 모델을 확보했다. 이것은 최근 급성장을 거듭하고 있는 유료방송시장에서 케이블TV와 위성방송, 지상파 및 위성 DMB, IP-TV, WiBro 같은 플랫폼 사업자들과 비

---

28) 디지털타임스. 2006.1.16.

교해 보면 쉽게 이해할 수 있다. 이른바 제작과 유통을 수직적으로 통합함으로써 거래비용을 최소화시키면서 효율을 극대화시킬 수 있었기 때문이다. 반면, 대표적인 유료방송인 케이블TV는 마케팅을 담당하는 SO, 제작은 PP, 송출은 NO(전송망사업자: Network Operator)로 이른바 3분할 사업구도를 지니고 있어 시스템상으로는 결코 지상파와 비교가 되지 않는 취약성을 갖고 있다. 여타 모든 플랫폼 사업자들 또한 수직적 통합 구조를 갖지 못하고 있다. 지상파 방송만이 이러한 효율적인 사업구조를 가지고 있었다.

둘째, 지상파 방송 사업자는 배타적 지위를 확보한 독과점사업자였다. 종전 아날로그 시대에서 방송은 곧 지상파만을 의미했었다. 경쟁 사업자 자체가 존재하지 않았으며 거기에 한정된 자원인 주파수의 배타적 사용을 통한 자연스러운 독과점 체제를 보장받을 수 있었다. 공공방송 모델을 택한 국가는 일정부분 독과점 체제를 전제로 한 방송시스템을 받아들이고 있다. 즉 민영방송이나 뉴미디어 도입은 공공방송의 존속 발전을 전제로 출발한 매체이다. 지상파 네트워크나 케이블, 위성과 같은 뉴미디어 모두 민영방송 중심으로 출발한 미국과는 달리, 유럽의 국가들이나 우리나라와 같이 공공 방송제도를 도입하고 있는 국가들에서는 방송의 공적 임무보장이라는 측면에서도 공공방송과 민영방송과의 공정 경쟁은 애초에 어려운 구조라고 하겠다.

셋째, 안정적인 재원조달 구조로 이는 양질의 콘텐츠 제작기반을 마련해 주었다. 지상파 방송사는 고임금 주조에 따른 양질의 인력의 확보가 가능했으며, 안정적인 재원(시청료 및 광고수입)을 바탕으로 양질의 프로그램을 제작할 수 있는 여건을 갖출 수 있었다. 영상 콘텐츠 제작의 속성상 안정적인 제작비를 투여할 수 있는 여건을 갖춘다는 것은 곧 매체의 경쟁력으로 이어지게 된다. 최근 한국의 드라마가 동남아 및 동북아시아 문화 블록을 중심으로 폭발적인 인기를 끌면서 '한류'를 만들어 낼 수 있는 것은 풍부한 재원이 지상파를 받쳐 주었기 때문이다. 다시 말해, 과감한 제작비의 투여가 가능한 것은 바로 한국에서의 안정적인 지상파 광고시장 구조가 뒷받침해 주고 있기 때문이다. 양질의 콘텐츠 생산이 가능한 제작비와 인력에 규모의 경제 효과가 선순환 구조를 형성하면서 콘텐츠의 우수성, 차별성을 통한 지상파의 경쟁력은 공고해진 것이다. 원인

역설적으로 위에 언급한 요인들이 지상파 방송사의 경영합리화 및 사업다각화를 강하게 견인하지 못했던 요인이다. 보다 더 근본적인 요인으로는 미디어산업이 21세기에 주목받을 고부가가치 산업임을 간파한 정부의 전략적인 육성정책이나 이종매체 겸영을 비롯한 전향적인 측면에서의 산업 활성화 의지가 부족했던 점, 나아가 제한적인 범위에서의 공적인 기능을 수행하도록 강제한 공공성 원리에 기반을 둔 정부의 미디어산업 정책을 들 수 있겠다. 조항제[29]는 한국 방송산업의 성장배경에 대해 방송사의 전략적 사고에 기반을 둔 경영보다는 경제성장 등 외부적인 변인을 성장요인으로 보고 진정한 경쟁력 회복을 위해 질적 내실화에 관심을 가질 것을 지적하고 있다.

> **한국 방송산업의 지금과 같은 성장에 가장 큰 도움을 준 것은 기적으로 불렸던 한국경제의 비약적 성장이었다. 방송 내부에서는 재원을 집중시킨 과점체제, 상보효과를 낳은 통합구조, 광고비를 극대화시킨 재원의 편의적 혼용, 자원유출을 막은 외자의 효과적 활용 등이 성장의 견인차였다. 방송 외부에서는 텔레비전 대중화의 저변을 만든 수상기 제조업의 성장, 라이벌인 신문의 답보 등이 성장에 큰 도움을 주었다. 방송사가 개발한 한국 특유의 장르인 일일극도 방송발전에**

---

29) 조항제(2003), 한국방송의 역사와 전망, 한울아카데미, pp.157~8.

큰 역할을 했다. 그러나 한국 방송은 이러한 양적 성정에 어울리는
질적 내실을 겸비하지는 못했다.

지상파 방송의 위기론에서 나아가 세계적으로 미디어산업 전체의
위기론도 제기되고 있다. 수익률은 하락하고 새로운 성장 동력은 좀체
찾기가 힘든 것이 현실이다. 미디어시장에서 가장 역동적이고 활발한
M&A가 펼쳐지고 있는 미국의 경우 지난 2004년과 2005년의 뉴스
코포레이션, 컴캐스트를 비롯한 올드 미디어 업계의 거함들의 주식가
치는 여타 S&P 500 지수를 구성하는 미국의 주요기업에 비해 25%나
뒤처지고 있다.[30]

3. 국내 지상파 방송 3사의 시기별 사업다각화 특성

1) 자회사 운영을 통한 경영합리화 시기 (1989년~1998년)

국내 지상파 방송사들이 본격적으로 자회사 설립을 통한 수직적 다
각화를 시작한 것은 1980년대 후반부터이다. KBS는 방송관련 시설관
리사업자인 KBS비지니스(1989.4.1), 영상 프로그램의 판매대행사인
KBS 미디어(1991.8.17), 미술전문회사인 KBS 아트비전(1991.9.11) 등
3개사를 100% 출자해 설립했다. MBC는 방송프로그램 제작 및 판매
사업을 위한 MBC 프로덕션과 방송프로그램 제작기술 전문회사인
MBC 미디어텍을 세웠고(1991.1.10), 같은 해에 MBC관현악단과 합창
단, 무용단을 운용하는 MBC 예술단을 세웠다. 1992년에는 MBC 미술

---

30) The Economist (1.21st. 2006), 오디언스와 콘텐츠, p.11.

센터를 설립했다.(1992.7.2) 이들 중 상당수는 수익논리와 무관하게 분사 차원에서의 자회사 설립으로 수직적인 다각화와는 일정 부분 거리가 있다 하겠다. SBS도 1992년 5월 SBS프로덕션을 설립해 수직적 다각화의 단초를 마련했고, SBS 뉴스텍과 아트텍을 1998년 12월 1일에 경영합리화 방안의 하나로 각각 설립했다. 이 시기에 진행된 지상파 방송 3사의 다각화는 수직적 다각화의 한 형태로 해석할 수 있으나, 독립채산제 및 파트별 책임 경영제 도입을 통한 조직의 경영합리화 및 구조조정 행태의 하나로 볼 수도 있다. 즉 다각화의 내용에 분사의 개념이 상당부분 반영되어 있다. 이는 비대해진 본사의 조직을 슬림화해 효율성을 제고시키고 전문성을 확보하는 데 있어서 유용한 전략의 하나로 도입되었다고 볼 수 있다. 실질적으로 분업 형태의 자회사는 조직의 성취동기를 명확히 하고 원가에 대한 책임의식을 고취시키는 등 생산성 측면에서 장점이 있다. 또한 자회사는 모회사 내의 조직과는 달리 모회사에서 주어진 업무 이외에도 경쟁시장에 자연스럽게 노출됨으로써 전문성과 경쟁력 제고 측면에서도 유리한 측면이 있다.

2) 온라인 서비스를 통한 수평적 다각화 시기(1999년~2000년)

KBS는 (주)KBS 인터넷을 2000.4.28일 KT(지분율: 32.38%)와 함께 설립했고, MBC는 (주)인터넷 MBC를, 2000.3.11일 SBS는 (주)SBSi를 1999.8.21일에 가각 설립해 온라인을 통한 수평적 다각화를 시작했다. 인터넷 사용이 생활의 일부가 된 젊은 시청자층을 중심으로 TV 앞에 앉아 방송 프로그램을 기다리거나 프로그램을 못 볼까봐 TV수상기 앞으로 달려가는 사람들이 사라지기 시작했다. 시청자들이 각 지상파 방송국의 인터넷 홈페이지 VOD 서비스를 통해 방송 프로그램을 시청하는 행태가 확산되고 있기 때문이다. VOD 조회수는 기존 시청률에 나타나지 않는 특정 시청자군(10, 20대)의 성향을 보여 준다. 시청률은 광고 단가를 좌우하는 지표이기 때문에 방송사 광고의 주요 타깃인 젊은층이 VOD를 통해 프로그램을 시청한다는 것은 프로그램 평가에도 영향을 미친다. 또한 방송 3사는 인터넷상에서의 VOD를 기반으로 한 인터넷 방송을 통해 주문형 유료방송시장을 형성해 나가고 있다. 〈표18〉과 같이 2001년 가장 먼저 유료화를 시행한 SBSi가 수익 면에서 앞서가는 가운데 KBSi와 iMBC도 모(母)방송의 우수한 콘텐츠와 후광효과를 통해 인터넷 방송시장에서 강자로 부상하고 있다.

〈표18〉 지상파 3사 인터넷 방송의 연도별 매출/영업이익

(단위: 백만 원)

구 분	KBSi	iMBC	SBSi	합 계
1999	-	-	955(12)	955
2000	2,828(-3,693)	1,830(-706)	14,807(3,026)	19,465
2001	4,469(-3,412)	4,874(-1,163)	20,452(1,975)	29,795
2002	6,042(-1,844)	9,142(73)	20,868(3,946)	36,052
2003	10,756(29)	14,697(3,476)	20,129(4,439)	45,582

*주: ( )안은 영업이익, 자료: 각사 사업보고서
자료원: 이재영 외, 초고속인터넷 환경 하에서의 미디어간 소비대체에 대한 실
증연구, KISDI, p.97에서 재인용.

3) 케이블TV 진출을 통한 수평적 다각화(1999년~현재)

지상파 방송 3사는 다채널시대에 대비하고 지상파를 정점으로 하는 가치사슬의 하위구조를 다지는 수평적 다각화 차원에서 위성방송과 케이블TV 채널에 지상파의 풍부한 콘텐츠를 공급하고 있다. KBS는

2001.3월 KBS스카이를 설립하고 KBS스카이 Sports와 KBS SKY Drama 등 2개의 케이블 및 위성방송 채널을 운영 중이다. MBC는 2001년 3월 미국의 세계적인 스포츠전문 채널인 ESPN과 합작으로 MBC-ESPN 설립해 스포츠 콘텐츠의 글로벌 제휴사업 분야에서 선도적인 위치를 점했다. 또한 패션전문채널인 LOOK-TV를 인수한 후 2001년 5월부터 게임전문 채널인 MBC게임으로 장르를 전환해 채널을 운용 중에 있다. 또한 2001년 3월에는 제일제당 계열사인 드라마넷을 인수해 지상파 콘텐츠의 대표적 장르인 드라마의 후속시장을 확고히 구축했다. SBS는 1999년 6월 한국골프채널을 인수한 후 2000년 3월 SBS 골프채널로 변경했다. 또한 2000년 2월에는 한국스포츠TV를 인수해 SBS스포츠채널로 변경해 운용 중에 있다. 2000년 5월에는 방송위원회에 축구채널을 승인받았으나, 광고시장에서의 착근이 여의치 않자 2002년 2월 이를 드라마를 주 공급분야로 하는 SBS 드라마플러스로 변경했다. 이 과정에서 민영방송의 기민한 대처는 상당부분 사업다각화 측면에서 성공적이라고 평가할 수 있다. 또한 지상파TV는 케이블TV를 중심으로 PP시장에 활발하게 진출하고 있다. PP시장은 그러나 지상파 방송사의 지배력이 여전한 것으로 지적됐다.(표9 참조)

KBS · MBC · SBS 등 지상파 방송 3사의 계열PP들은 일반PP 전체 매출 시장에서 13.6%를 차지하고 있으며, 이 같은 추세는 점차 강해지고 있다. 특히 지상파 3사는 계열PP와 일반PP에 대한 프로그램 판매에서 차별 정책을 유지하고 있어, 일반PP의 원성을 사고 있다. SBS의 경우 지난해 PP시장에 3,526편을 판매했는데 이 중 3,467편을 자사 계열PP와 계약했다.[31] PP시장은 향후 케이블TV와 위성방송에 이은 위성DMB, IPTV 등 새로운 플랫폼이 나오면서 윈도 다양화의

---

31) 성호철, 전자신문 2005. 11.4.

길로 접어들 전망이다. 또한 MPP 가속화가 지속되는 가운데, MSO가 PP까지 함께 운영하는 MSP도 향후 2~3년 새 시장에 본격적인 모습을 드러내 시장 과점화가 진행될 개연성도 존재한다. 2006년 6월 현재에도 지상파3사는 케이블TV를 중심으로 채널확대 전략에 의한 사업 다각화를 추진 중이며 이 과정에서 허가원칙을 놓고 방송위원회와 힘겨루기 양상을 노정하기도 했다.

4) 해외시장 진출 및 적극적인 현지화 시기(2002년~현재)

KBS-2TV의 드라마 '겨울연가(2002)'에 의해 촉발된 한류(韓流)의 영향은 국내 지상파 방송사의 해외시장 개척의 중요한 동인이 되었으며, 동남아시장을 위주로 적극적인 현지화를 가능하게 한 요인이 되었다. 외국시장 개척에 가장 적극적인 방송사는 MBC다. 2005년 2월 최문순 사장 취임 직후 사업국을 글로벌 사업본부로 확대했고, 지난 2005 4월에는 미국을 제외한 지역에서는 방송 3사 중 처음으로 중국 상하이에 연락사무소격인 대표처를 세웠다. 아직 중국의 방송시장이 개방되지 않아 2008년을 목표로 전략을 짜고 있다. 2005년 7월에 도쿄지사를 개소한 데 이어 조만간 동남아 나라들을 총괄하는 지사도 설립할 예정이다. 공영방송인 KBS는 '전 세계 어디서든 KBS를 볼 수 있게 하자'는 명분을 앞세운다. 이를 위해 KBS 아메리카 중심으로 망 구축에 적극적이다. 현지 방송사나 케이블·위성망사업자를 통해 교민 외에 아시안 아메리칸을 대상으로 프로그램을 공급하는 것과 더불어 기존 VHS로 공급되었던 자사 콘텐츠를 DVD로 전환해 판매하는 사업에도 역점을 두고 있다. 또한 KBS는 2005.11월 일본에 'KBS재팬'을 설립, 일본 방송시장에 진출하고 있다. KBS재팬은 자본금 20억 원의

100% 출자 자회사로 KBS의 방송 프로그램의 현지 공급 창구 역할을 함은 물론, 일본 내 IPTV, 지역 케이블TV 방송사업자 등에 직접 프로그램을 공급하게 된다. 이는 매출 측면에 대한 고려도 있지만, 그보다 2000년대에 들어 일본에서 일고 있는 한류의 지속을 위해 역할을 한다는 의미도 크다. KBS는 앞서 2004년에는 KBS아메리카를 설립, 북미시장에서의 프로그램 직접 공급 창구를 확보한 바 있다. SBS도 2005년 2월 편성본부 산하였던 콘텐츠 운영팀을 기획본부 산하로 옮기고 전략적 접근을 강화했다. 또한 인도네시아와 베트남 등 동남아 국가에 대한 프로그램 판매 전략을 수립했다.

4. 지상파 방송 3사의 사업다각화 개괄 및 함의

한국 지상파 방송사의 사업다각화는 1990년대는 정부의 정책과 방송환경 변화 등 외부적인 조건에 의해 이루어졌다면, 2000년대 들어서는 방송 시장의 경쟁심화로 인한 광고수익 감소 등 현실적인 문제에 대처하기 위해 관련 다각화 중심에서 벗어나 인터넷 등 뉴미디어 사업뿐만 아니라 방송과 관련 없는 사업에도 진출하는 등 수익성 다변화 현상이 나타난다. 또한 지상파 방송사의 사업다각화 성과에 대해서는 아직까지 예단할 수 있는 수준이 아니다. 다만 공영방송에 비해 SBS가 초반부터 수익성을 중시하는 다각화 전략을 비교적 성공적으로 수행한 결과 상당한 성과를 보여 주고 있다고 할 수 있다. 국내 지상파 방송은 수직 및 수평적 결합 수준의 M&A, 신문을 포함한 주요 이종매체 겸영이 자유롭지 못하고, 2공영 1민영 체제를 근간으로 한 방송정책 등 공적인 규제 및 수익사업에 대한 국민들의 거부감이 존재하는 상황에서 사업다각화는 극히 제한적인 형태로 진행되어 왔다. 이러한 현실적인 제약요인이 존재하는 상황에서 다각화를 중심으로 한 사업의 외연을 확장해 왔으나, 미래 성장 동력원으로 지상파 방송의 시장지배력과 영향력을 지속해 방송 서비스 산업의 기간사업자로서의 역할을 지속할지는 불투명한 상황이다. 또한 정부 정책에 따라 사업다각화의 범위가 불투명하게 전개되는 상황이 지속되고 있어 다각화를 제약하는 요인이 되고 있다. "방송의 독립성·공익성을 여전히 걱정해야 하는 상황인지 아니면 선진국으로 가는 먹을거리 사업에 비중을 둬야 하는지 판단해야 한다."며 "정통부는 후자 쪽"(진대제 전 정보통신부 장관)[32]이라는 시각이 있으며, 방송위원회는 공익적 지반을 강조하는 쪽으로 대별해 볼 수 있다. 그동안 지상파TV 3사는 공영적 토대를 견지하는 범위 내에서 글로벌 미디어기업 수준은 아니더라도 제한적 수준의 다각화 노력은 진행해 왔다고 볼 수 있다. 지상파 3사의 사업다각화는 '디지털 컨버전스'라는 기술발전에 의해 강제된 측면, 광고수익 악화에 따른 자구노력의 측면이 있으며 이는 정책적 요인과 함께 글로벌 복합미디어 기업의 수준의 사업다각화에 도달하지 못하는 현실적 한계를 보여 주고 있다.

---

32) 미디어오늘, 2006. 2. 1.

<표19> 지상파 방송 3사의 사업다각화 현황

다각화 유형	자회사		주요 사업 분야
수직적 다각화	KBS	KBS미디어(주)	- KBS방송용 외화의 녹음제작 - KBS영상자료의 판매/유통사업
		(주)KBS 아트비전	- TV방송용 무대미술 및 영상제작 용역 - 방송프로그램 제작 지원
	MBC	(주)MBC프로덕션	- 방송프로그램 제작공급 및 판매 - 기업홍보물 제작 판매 - 공연사업
		(주)MBC미디어텍	- 방송프로그램의 제작기술사업 - 이벤트 및 문화사업 - 방송시설 및 기자재 임대 사업
		(주)MBC미술센터	- 방송 영화, 공연예술 관련 미술서비스 제공
	SBS	(주)SBS프로덕션	- 방송프로그램 제작 및 판매 사업
		(주)SBS뉴스텍	- TV보도영상, 야외촬영, TV중계, 영상편집, 컴퓨터그래픽, 위성송출 등 영상제작 전문
		(주)SBS아트텍	- 방송 및 공연예술 관련 무대장치 제작 - 영상제작 관련사업
수평적 다각화	KBS	(주)KBS 인터넷	- 인터넷 기반 미디어사업 및 전자상거래 - 온·오프라인 교육, 매니지먼트, 유통사업 - 인터넷 및 네트워크 기반 소프트웨어 개발
		(주)스카이 KBS	- 다채널위성 및 케이블채널 사용사업 - KBS Sports 채널 이용 - KBS Drama 채널 이용
	MBC	(주)인터넷MBC	- 인터넷 방송, 유료컨텐츠 사업
		(주)MBC플러스	- 방송채널사용사업 및 위성방송사업
		MBC스포츠(유)	- 스포츠 전문 방송채널사용사업
		(주)MBC드라마넷	- 드라마 전문 방송채널사용사업
		(주)MBC게임	- 게임 전문 방송채널사용사업
	SBS	SBS골프채널(주)	- 골프전문 방송채널사용사업
		(주)SBSi	- 디지털 정보처리사업 - 인터넷 방송
		(주)SBS스포츠채널	- 스포츠 전문 방송채널사용사업
		SBS 골프닷컴(주)	- 골프채널의 온라인서비스를 비롯한 골프포탈 서비스 제공
		SBS 드라마 플러스	- 드라마 전문 방송채널사용사업

V. 결론 및 제언

1. 논의의 요약

방송시장의 경쟁구도 변화의 배경 및 그 특징을 살펴본 결과, 디지털 컨버전스 시대를 맞아 미디어 수용자의 수용행태 및 광고시장도 급격한 변화를 맞이하고 있었다. 즉 방송의 디지털화는 방송산업의 패러다임을 변화시키고 있으며, 최근 수년 사이 급격히 성장한 유료TV 시장은 지상파TV가 과거에 누린 광고시장에서의 독과점적 지위를 상당부분 위협하고 있었다. 또한 미디어산업의 발전추세와 미디어기업의 다양한 사업다각화 형태를 분석하고 해외 지상파 방송사들의 다각화 사례를 고찰함으로써 미디어산업의 특징과 다각화의 다양한 유형을 파악할 수 있었다. 세계적인 지상파 방송사들은 콘텐츠의 우위를 바탕으로 다양한 채널을 운용함으로써 규모의 경제와 세계적인 유통배급망 측면에서 우위를 점하려는 노력(BBC)을 포함해 인터넷이라는 이종매체를 과감히 인수해 채널인지도를 활용해 인터넷 방문자 수와 수익을 증대시킨 경우도 있으며(NBC), 매력적인 콘텐츠 창출을 통한 '원 소스 멀티유즈'전략을 통해 기득권을 유지하려는 사례(NHK)도 발견된다. 이에 따라 국내 지상파 사업자들이 다양한 수준에서 벤치마킹 대상으로 활용할 필요성이 제기된다 하겠다. 마지막으로 국내 지상파 방송사들의 사업다각화 특성을 살펴보았다. 이를 위해 국내 방송산업의 진화과정과 사업다각화의 동인이 되는 배경을 고찰한 결과, 지상파 방송사들은 광고시장에서의 수지악화 및 다매채, 다채널 상황에서의 경쟁매체의 등장으로 독점적인 지위를 상당부분 위협받고 있었으며, 이는 사업다각화의 동인이 되고 있었다. 시기별로도 다각화의 양상이 변화하고 있었다. 수직적 다각화의 한 형태인 자회사 운영을 통한 경영합리화 시기(1989년-1998년), 온라인 서비스를 통한 수평적 다각화 시기(1999년-2000년), 케이블TV 진출을 통한 수평적 다각화 시기(1999년~현재), 해외시장 진출 및 적극적인 현지화 시기(2002년~현재)를 거치며 지상파 방송은 사업의 외연을 확대하고 수익의 극대화를 위한 다양한 노력들을 전개해오고 있었다. 한국의 지상파TV 방송사는 사업다각화를 통해 수익원을 다변화함으로써 일정부분 성과를 내고 있으나, 글로벌 미디어기업 수준의 수평적·수직적 다각화를 이루는 데에는 한계를 보이고 있다. 방송의 공공성이라는 사회적 책무와 함께 방통융합시대에 적자생존을 위한 기업으로서의 생존논리를 동시에 추구해야 하는 점이 현실적인 다각화의 제약요인이자 동인이 되고 있는 상황이라고 하겠다. 현재 지상파 방송사들이 추구하는 사업다각화 방향은 크게 외국시장 개척과 '원 소스 멀티 유스'를 기반으로 한 콘텐츠 사업으로 나눌 수 있다. 콘텐츠 사업은 케이블TV 등 후속시장에서 상당부분 성공을 거두고 있지만 해외사업부분은 아직 주로 동아시아 시장에 한정된 면이 있으며, 이는 동아시아 문화 블럭 내에서의 한류(韓流)의 한계점을 극복하고 미주와 유럽 등 다양한 시장개척에 대한 숙제를 남기고 있다. 지상파 방송사의 무분별한 사업영역 확장은 공적 정체성을 위협할 수 있으나, 역설적으로 적절한 사업다각화는 공적 정체성을 더욱 공고히 하는 밑거름이 될 것이다. 그것은 안정적인 수익기반이 있어야만 양질의 프로그램을 통한 공적 기능에 충실할 수 있기 때문이다. 향후에도 국내 방송산업의 구조가 더욱 선진화, 고도화될 경우에는 기업경영의 논리가 적용되어 미디어산업, 복합 엔터테인먼트산업의 하나로 시장에서 극단적인 생존게임을 벌이는 현상도 배제할 수 없을 것이다. 이종매체 겸영의 문제나 관련법규에 따라 제한적인 다각화에 머물고 있는 지상파 방송사도 다매체화라는 기술발전에 의해 촉발된 사업 환경에서 자유롭지 못하다. 따라서 지상파 방송 사업자들은 제도적 틀 안에서 제한적인 수준의 다각화를 탈피하고 글로벌 미디어기업을 벤치마킹하는 것은 물론, 다양한 수준에서 공존과 경쟁의 논리를 모색해야 할 시점이다.

2. 제 언

디지털 방송환경이 가져온 새로운 기술영역과 사업 분야는 다양한 기회와 함께 기존의 안정적 수익원의 지속성도 상당부분 불확실하게 만드는 것이 사실이다. 기회와 위험요인이 공존하는 방송서비스 사업에 있어서 기존 방송 3사에게는 기회 대신 위협과 도전 요인이 더 크게 보이는 것이 현실이다. 결국 그간의 과점체제에서 향유해 온 지위는 상당부분 상실되었다고 할 수 있다. 그런 가운데서도 전국방송망을 가진 매스미디어로서의 사회적 영향력, 우수한 제작·기술·경영인력, 수십 년간 축적된 거대한 콘텐츠 자산은 후발 매체가 따라가기 힘든 지상파 3사만의 경쟁력이라고 할 수도 있다. 이 경쟁력을 어떤 방향으로 증폭하고 변화에 능동적으로 대응해 나가는가가 컨버전스 시대에 지상파 방송 3사의 생존 변수라 하겠다. 방송 3사는 다음 몇 가지 측면에서 수익성 개선방안을 모색할 필요가 있을 것이다.

첫째, 네트워크로 확대 전략이다. 동종 및 이종 네트워크로의 확대 전략은 수평적 다각화 및 보완적 다각화의 이점을 활용한 전략이다. KBS는 2개의 채널을 보유함으로써 규모의 경제 및 적절한 채널운용 전략을 통해 경쟁사인 MBC, SBS보다 시장지배력을 높일 수 있는 유리한 고지에 있는 것이다. 위성이든, 지상파 DMB이든, 위성 DMB이든 지상파 방송은 가능하면 신규 플랫폼과 함께 네트워크를 확보해야 한다. 지금 케이블 TV 사업자를 보더라도 PP는 콘텐츠의 경쟁력에 따라 수익성에 문제가 있지만, SO는 비교적 수익기반이 안정되어 있다. 네트워크를 무차별적으로 확대할 수 있는 여건은 현실적으로 제한된 것이 사실이다. 지상파 방송사로서는 케이블 TV사업에 PP로서는 진입할 수 있지만 네트워크 사업에는 진입할 수 없다. 현재는 방송시장의 지상파 방송 독과점에 대한 반발이 사회 일각에서 제기되고 있지만 통신사업자의 방송진입이 위성 DMB로부터 본격화되고, 위성방송 스카이라이프가 그 보급률을 확대하고, 케이블 TV가 소유권 규제완화조치로 거대 MSO가 출현하게 되면 지상파 방송의 시장 점유율은 대폭 축소될 수밖에 없다. 현재로선 지상파 방송의 통신사업 진출이나 방송사업 확대는 케이블 네트워크로의 진입이 가장 효과적인 대안이다. 지상파 방송사가 통신서비스, 인터넷 서비스, 방송 서비스 등 다양한 시장 및 서비스를 개척하려면 유선 광대역 네트워크를 보유해야 하는데 실질적인 대안은 케이블 네트워크인 것이다. 미국의 방송통신 융합도 실질적으로는 AT&T와 AOL과 같은 대형 통신사업자의 케이블 MSO에 대한 M&A를 의미할 뿐이다. 향후에는 민간사업자도 규제완화조치나 M&A 등을 통해 신규 방송시장에 진입할 수 있는 기회를 주어야 하며 지상파 방송이나 공영방송사 또한 케이블이나 위성에 진입하여 M&A를 할 수 있는 기회를 부여해야 한다. 이제 미디어 시장은 방송시장만 존재하는 것이 아니고 신문, 방송, 뉴미디어, 인터넷, 인터넷 언론과 방송, VOD, DMB 등 전체 미디어 시장 규모가 확대될 전망이기 때문에 소유권 규제완화 조치와 미디어 간 상호 겸영규제에 대한 완화는 시기가 문제이지 궁극적으로는 예상할 수 있는 정책방향이라 하겠다.

둘째, 통신사업자와의 전략적인 제휴이다. 이는 보완적 다각화와 복합형 다각화의 장점을 혼합한 형태로 볼 수 있다. 지상파 DMB 사업 등 신규 사업은 그 수익성의 예측이 곤란하므로 지상파 방송사 주도로 컨소시엄을 구성하되, 자본력이 충분한 민간사업자나 통신사업자 그리고 기업 등과 전략적 제휴방안을 검토하는 것도 신규 사업투자의 위험분산이라는 측면에서 바람직하다. 방송·통신·가전사 간의 전략적 제휴와 연대를 강화하여 21세기 정보통신, 영상, 가전산업의 국제경쟁력을 활보할 수 있는 기회를 확보해야 한다. 각 부문에서 사업자 간의 전략적 제휴와 연대는 지식 기반 서비스사업의 경쟁력을 활보할 수 있는 기회가 될 수 있을 것이다. 지상파 방송 중심의 소프트웨어 개발뿐만 아니라 다양한 모바일 콘텐츠, 애니메이션, 영화 등 다양한 관련 소프트웨어를 개발하고 이러한 콘텐츠를 자본력과 기술력, 마케팅 능력을 갖춘 통신사업자, 가전업체와 연대하여 국내 시장은 물론 세계시장으로의 진출을 도모할 수 있다. 앞서 살펴본 대로 선진국에서는 미디어 업체 간의 전략적 제휴나 M&A를 통해 미디어 산업의 규모의 경제를 추진하고 이를 토대로 세계 미디어 시장을 장악하고자 고심하고 있다. 한국도 글로벌 수준의 미디어산업 경쟁력 확보를 위해 각 부문에서의 주력사업자 간의 기능과 자금, 마케팅 등 다각도의 전략적 제휴와 연대가 요청된다. 기업의 전략적 제휴는 다양한 형태가 있을 수 있으나, 미디어 기업의 전략적 제휴는 기업 간 자원의 공유를 목적으로 연계되는 형태로 나타나고, 자원의 직접적인 통제 과정에 개입되는 미디어 산업은 조인트 벤처와 자본 제휴를 기반으로 하는 강력한 전략적 제휴를 추진한다.[33] 국내 통신사업자는 지상파 사업자보다 기업 규모 면에서 월등할 뿐만 아니라 끊임없는 경쟁체제 속에서

---

33) 전범수 (2002), 글로벌 미디어 기업간 전략적 제휴의 구조와 결정요인, 〈언론과 사회〉, 10권 3호, pp.153~184.

우수한 마케팅 능력과 자본력을 보유하고 있어서 방송사업자로서는 통신사업자와의 경쟁구도로는 승산이 없어 보인다. 그러므로 무모한 경쟁보다는 전략적 제휴가 현실적으로 타당한 방법이다.

셋째, 통신사업 진출 전략이다. 복합형 다각화에서 출발해 보완적 다각화의 이점을 얻으려는 다각화 전략이다. 통신사업자의 방송사업 진출이 이루어지게 되면 방송사업자로서 통신사업에도 적극 진출할 수 있는 기회를 확보해야 한다. 이는 케이블TV 사업자가 가장 적극적으로 채택하고 있는 전략이다. 이러한 케이블TV 사업자의 통신서비스시장에의 진입에 대하여 정부는 그동안 별다른 규제를 하지 않아 왔으며, 이와 같은 비규제 상황에서 대다수 케이블TV 사업자들은 케이블TV와 초고속인터넷 서비스를 묶음판매하고 있으며 궁극적으로는 음성전화까지 함께 묶는 소위 '트리플플레이 서비스'를 제공하려고 하고 있다. 이러한 상황에서 지상파 방송사업자도 양방향 서비스가 가능한 데이터방송서비스를 제공하고 있다. 지상파 방송의 경우 데이터방송 시험서비스를 실시했으며, 스카이라이프는 통신사업자와의 협력을 통한 방송과 통신 결합서비스 제공을 추진하고 있다. 케이블TV 사업자는 향후 사업모델을 방송, 통신 및 융합서비스를 모두 제공하는 종합 멀티미디어서비스 제공으로 설정하고 있어 적극적으로 융합형 서비스 진출을 모색하고 있는 것으로 볼 수 있다. 반면, 지상파 방송사업자는 직접적인 통신서비스 진출보다는 방송서비스를 위주로 하되, 부가적 서비스로 제한적인 양방향 서비스도 전략적으로 추진해야 할 것이다.

넷째, 지상파TV 광고재원의 확대전략이다. 이는 방송사의 수익성 제고를 위한 전략이라기보다는 광고산업에 대한 정책적 배려로 볼 수도 있다. 그러나 다각화 전략은 아니지만 현실적으로 한국의 지상파 방송사에게 가장 강력한 수익 개선 효과를 기대할 수 있는 전략이다. 방송시장은 무료방송시장(광고수익모델)과 유료방송시장(가입자기반모델)으로 구분되어 있으며, 규제체계 역시 이를 기준으로 형성되어 있다. 그러나 경쟁사업자들의 증가로 인한 지나친 시장분할은 광고수익모델과 가입자기반모델로 분리되어 왔던 방송사업자들의 수익구조를 광고시장을 중심으로 수렴 내지는 통합시키는 변화를 가져오고 있음을 알 수 있었다. 광고를 주 수익원으로 하는 무료방송사업자와 수신료를 기반으로 하는 유료방송사업자 간에 수익구조의 상호 수렴효과가 나타나고 있는 것이다. 또한 디지털 기술의 발달 자체가 계속적으로 새로운 광고형태의 개발을 통해 방송사 수익원을 다원화할 수 있도록 만듦으로써 방송사 재원구조에 변화를 가져오는 것은 불가피해 보인다. 지상파 방송사업자들은 지상파의 수익성 악화를 우려하면서 수익구조를 개선하기 위한 다양한 방안을 모색하고 있으며, 그 방향은 크게 두 가지로 나타나고 있다. 하나는 간접광고, 가상광고, 낮방송 허용,[34] 중간광고와 같이 새로운 광고유형의 개발이나 이로 인한 광고시간량의 증가를 꾀하는 방향이고, 다른 하나는 뉴미디어 사업에의 진출을 통한 사업다각화를 통해 수익원을 다각화하는 방법이다. 전자의 경우는 방송의 상업화에 대한 시민단체의 반대와 함께 한정된 광고시장하에서 공익을 생각해야 할 비교우위 매체로서 지상파 신문 등 이종매체의 광고시장까지 잠식하는 데 대한 신문 산업이나 인쇄매

---

34) 지상파 3사에 대한 낮방송은 방송위원회에서 2005. 12. 1자로 허용해 현재 실시 중이나 아직까지 구체적인 수익증가에 대한 분석은 이뤄지지 않고 있다. 그러나 지상파 3사로서는 장기적으로 광고판매시간 확대를 통해 일정 부분 수익확대의 공간을 열어준 긍정적 측면이 있다. 현재 낮방송은 재방송이나 저가의 제작비로 제작되는 방송이 많기 때문에 방송 3사는 제작비 보전 문제에서 비교적 자유로운 편이다.

체의 반발도 만만치 않다. 지금까지 방송법상 광고 정책은 몇 가지 문제점을 노출하고 있다. 우선 광고정책이 편성정책의 일부로 규정되어 있을 뿐 재원정책으로서 논의되지 못했다는 점이 있고, 무료방송과 유료방송 간의 경쟁을 통제할 수 있는 경쟁정책이 마련되어 있지 않다는 점, 방송광고정책이 수직적 규제체계를 기반으로 하고 있어서 방송통신융합에 의해 수평적으로 재편되고 있는 방송시장 환경에 적절하게 대응하기 어렵다는 점도 지적할 수 있다. 재원확대 방안 중의 하나인 가상광고의 경우를 간단히 살펴보자. 가상광고의 경우 1995년 미국에서 첫 선을 보인 이래 일반광고시장 대비 30~40%의 광고시장을 형성하고 있는 것으로 알려져 있다. 현재 미국에서는 1999년 1,000만 달러의 가상광고 매출을 기록한 데 이어 2005년까지 100배의 고속성장을 예상하고 있다. 이러한 예상을 토대로 2005년에는 전체 시장규모에서 10~15%(40-60억 달러)규모가 될 것으로 전망된다. 또한 스포츠 마케팅 연구기관인 SRI (Sponsorship Research International)의 조사에 따르면 전체 광고시장 3,000억 달러(약 390조 원) 중 약 400억 달러가 스포츠 광고시장이 될 것으로 전망하고 있다. 국내 광고시장의 경우 가상광고 허용 이후 초기년도의 시장규모를 약 100억 원으로 추정하고 있으나 가상광고연합회가 예측한 가상광고 도입 초기 년도의 예상시장규모는 가상광고 산업의 특성상 대규모의 자본 투입이 선행되어야 하고, 풍부한 운영경험의 축적이 요구되어야 하는 점을 감안한다면 예상시장규모가 너무 협소하다는 것이 업계의 주장이다. 문철수는 가상광고연합회의 광고허용시간, 연평균 스포츠 중계시간, 10초당 단가, 그리고 연간 총 판매수량을 바탕으로 가상광고의 예상규모를 예측하였는데 그의 연구에 따르면 가상광고의 시장규모는 도입 초기에 약 300억 원에 달할 것으로 보인다.[35]

　다섯째, 지리적 관점의 시장 확대전략이다. 한국은 이미 방송 콘텐츠 측면에서는 '한류 열풍'에 힘입어 일본과 동남아 수출 시장의 활성화에 힘입어 무역역조를 극복하고 이미 수출 우위의 국가가 되었다. 문화관광부 통계에 따르면 2004년 현재 방송 콘텐츠의 수출액은 7천만 불 수준이고 수입액은 3천만 불 수준이다.[36] 현재로선 방송 콘텐츠 수출이 지리적인 시장 확대전략의 거의 전부일 수 있으나 동남아 등 일부 국가에서 외국사업자에게 개방된 유선방송 진출은 일부 진행되고 있으며, 통신사업자와 함께 전략적 제휴를 통해 플랫폼 사업에도 관심을 가지는 것이 필요한 시기다. 또한 콘텐츠 수출사업의 한계를 극복한 현지 채널사업 분야에도 적극적인 전략이 필요하다 하겠다. 국내 방송사의 현지 채널사업은 단순히 콘텐츠만을 판매해 유통과 편성에 의존적일 수밖에 없는 상황을 탈피하고 한류 프로그램을 지속적·탄력적으로 해외에 노출시킬 수 있는 대안이 될 수 있을 것이다. KBS 확보하고 있으며 프랑스, 인도, 베트남, 인도네시아의 케이블·위성 채널을 보유해 현지인들로부터 좋은 반응을 얻고 있다. 미국, 호주, 뉴질랜드 등에 위성 협력채널을 확보하고 있는 MBC도 2006년 일본·뉴질랜드 등의 위성방송 사업자들과 협력채널 계약을 맺어 채널 사업을 확대해 나갈 계획이다. 한류나 일시적인 유행에 따른 콘텐츠 수요는 한계가 있다. 즉 현지 유행이 바뀌거나 한류를 대체할 다른 붐이 일어나 어렵게 잡아놓은 수요기반을 놓칠 수 있는 개연성을 가지고 있는 것이다. 따라서 유통기반에 안정성을 확보할 수 있는 현지 방송채널 사용, 플랫폼 사업자에 대한 자본투자가 장기적인 수익기반을 공고히

---

35) 이경렬(2005), 가상광고 도입에 따른 공론화와 쟁점에 대한 논의, 방송연구 2005년 겨울호, p.101.
36) 문화관광부(2005), 방송프로그램 수출입 현황.

할 수 있는 방법이다. 문화의 속성상 일방적인 공급에만 치우치면 상대국과의 지속적인 교류가 어려워지므로 프로그램 공동제작 등 적극적인 교류가 필요하며 이는 중장기적으로 문화콘텐츠의 수출기반 확보와 방송사들의 현지화 전략에 도움이 될 것이다.

여섯째, 합리적 채널운영전략의 수립이다. 일본의 공영방송 NHK는 2004년 'NHK 비전'을 통해 위성방송을 통한 24시간 뉴스채널 구상과 인터넷을 이용한 새로운 서비스의 전개를 전면에 내세우자 민방들이 일제히 반발했다. 민방 측은 NHK가 현재 TV와 라디오를 포함해 지상파 5개 채널, 위성방송 3개 채널을 보유하고 있는 데 반해, 민방은 단지 지상파 1~2개 채널, 위성방송 1개 채널을 보유하고 있는 상황에서 NHK가 시장확대를 위해 새로운 서비스를 공격적으로 전개하는 것은 문제가 있다는 것이다. 이에 대해 NHK 측은 방송시장 점유율 면에서 NHK는 1999년 현재 17%에 불과하며 이는 민방과 크게 다르지 않은 수준이지만, NHK는 국내는 물론 국제방송을 하고 있다고 반박한다.[37] BBC의 경우도 디지털 비전을 마련하여 그러한 비전속에서 채널의 운용전략을 강구하고 있는 점을 눈여겨 볼 필요가 있다. 즉 BBC의 디지털 비전에는 첫째, 보편성(guarantee of universality)으로서 디지털 시대의 혜택에 모든 수신료 납부자들이 액세스할 수 있도록 보장하겠다는 것이며, 둘째, 질적 서비스(benchmark of quality)의 제공으로서 유료시청이나 유료 가입자에게만 제한됨이 없이 무료 지상파를 통해 질이 우수하고 가치 있는 프로그램을 제공받을 수 있도록 하겠다는 것이며, 셋째, 신뢰받는 가이드(credible guide)로서 새로운 테크놀로지와 서비스를 개발하고, 혼돈스러운 풍요의 시대에 신뢰받는 가이드로서의 역할을 수행함으로써 수용자들이 새로운 경험에

---

37) 한국방송개발원(2004). 방송동향과 분석 통권 204호, pp.34-38.

참여할 수 있도록 하겠다는 것이다. 이런 비전하에서 BBC는 지상파 TV를 정점으로 세분화된 서비스 전략(주류 수용자 서비스, 표적 수용자 서비스, 전문 수용자 서비스, 국제 서비스)을 마련하여 각각에 적합한 채널을 확보하여 수용자에게 다가가겠다는 의지를 표명하고 있다. 즉 가능한 한 다양한 채널을 확보하여 다양한 서비스를 제공하겠다는 적극적인 채널정책을 구사하고 있음을 알 수 있다. NKH와 BBC 수준의 다채널화가 미흡한 국내 방송사로서는 동일한 수준의 채널운용전략은 아니더라도 일단 채널을 허락 받아놓고 콘텐츠는 채워나가는 식의 비합리적인 채널 운용전략은 탈피하고 다채널화에 따른 체계적인 채널운용전략이 더욱 필요한 시점이라 하겠다. 실제로 방송위원회는 2006년 독일월드컵 기간 중 지상파 방송사가 서울 및 수도권 지역에서 멀티 모드 서비스(MMS)[38] 시험방송을 허용했다. 이에 따라 메인채널이 HD(고화질) 방송으로 축구를 중계할 때 추가 채널에서는 SD(표준화질)급으로 특정 선수만 따라 다니는 식의 중계를 내보낼 수 있게 된 것이다. 또한 축구중계가 아니어도 9번 채널이 HD 방송을 하고 9-1이나 9-2번 채널에서는 다른 프로그램을 편성할 수 있게 된다. 즉 2~3배의 채널확대 효과를 꾀할 수 있게 된 것이다.

마지막으로 지상파 방송이 공공방송으로서의 공적 정체성을 확보하는 전략이다. 이는 한정된 지상파 전파 자원을 사용하는 대신 일종의 지대(地代)를 충실히 내는 것과 같은 원리이다. 이는 수익성 제고와는 일견 거리가 있어 보이는 전략이지만 KBS의 경우 시청료 인상을 위한 토대가 될 수 있으며, MBC와 SBS도 광고요금 인상을 통한 광고

---

38) 디지털 신호 압축기술의 발달로 기존의 한개 채널 대역(6MHz)에서 원래 채널 외에 추가로 다양한 부가서비스를 보여주는 것으로 1개 채널이 2~3개로 나누어져 멀티 캐스팅(다채널 방송)이 가능해진다.(조선일보, 2006. 5. 31 a1면)

수익 증대를 꾀할 수 있는 사회적 여론 조성, 시청자 및 광고주로부터의 매체 신뢰도 회복과도 직결되는 문제이기 때문이다. 방송 통신 융합시대에 대비한 지상파 방송의 과제는 전통적으로 언론기관으로서 부여받은 언론의 자유와 책임을 다하고 아울러 경영효율화와 다각화 및 안정된 재원확보를 통해 경제적 토대를 확고히 하는 일이다. 즉 방송의 공공성이라는 명분하에서 디지털 혁명, 방송과 통신의 융합, 글로벌화로 대변되는 방송환경에 대해서도 능동적으로 대처해 방송경영의 효율성 측면에서도 낭비적 요소를 줄여야 할 것이다. 이는 궁극적으로 수익성 강화를 위한 다양한 전략을 추진함에 있어서는 정책적 배려와 함께 정책 주체 및 국민들이 지상파 방송의 공적 정체성에 대해 신뢰할 수 있는 분위기를 조성하도록 만드는 시금석이 될 것이기 때문이다.

3. 결론 및 논의의 한계

지금까지 살펴본 바대로 현재 지상파 방송의 상황은 위기이기도 하지만 생각하기에 따라서는 새로운 패러다임으로 전환하기 위한 기회이기도 하다. 지상파 방송의 광고시장 점유율이나 시청률이 하락하고 있는 것은 분명한 현실이다. 그러나 이러한 현상을 곧 지상파 방송사의 경영상의 '위기'요인이라고 단정 짓기는 무리가 따른다. 일부에서 난개발 논란이 일 정도로 최근 10여 년간 다양한 방송 플랫폼 등장은 미디어 수용자의 필연적인 분화로 연결되었고 방송(broad-casting)은 이제 협송(narrow-casting)의 단계를 지나 개송(personal-casting)의 단계로까지 진화해 나가고 있다. 또한 보편적 서비스로서의 지상파 방송의 위상은 80%에 육박하는 유료방송 이용자의 수나, 유료방송 플랫폼상에서 하나의 채널로 변모하고 있는 상황을 고려하면 '지상파' 그 자체로는 종래의 파괴력이나 독점적인 지위를 잃어버린 것이 사실이다. 그러나 지상파 방송에서 생산된 콘텐츠 지배력은 지속적으로 확산되고 있다. 즉 다양한 플랫폼이 생기는 것은 위기 이전에 새로운 후속시장이 열리는 효과(window effect)가 동시에 발생해 시장 확대를 의미하기도 한다. 어떤 면에서 기술발달에 따라 '지상파 방송'이란 전송로 자체의 위기는 사실이지만, 방송 3사를 중심으로 한 지상파 방송사가 보유한 콘텐츠는 더욱 파괴력을 발휘하고 있는 시점이다. 방송시장 전체에서의 지상파 방송의 지배력은 확대되고 있으나, '지상파' 자체의 광고시장 내에서의 위상약화는 몇 가지로 해석해 볼 수 있다.

첫째, 지상파 방송에 대한 광고제도상의 규제가 시장 확대에 있어서 하나의 장애요인이다. 즉 중간광고나 가상광고, 광고총량제 등 글로벌 스탠더드에 부합되는 광고제도는 전면적인 실시보다는 일정한 일정에 따라 실시해 지상파 광고시장의 정체를 해소할 필요가 있다. 특히 방송계와 광고계의 요구가 거센 중간광고의 경우 광고 시청률 제고를 통한 고객, 즉 광고주의 만족이라는 측면과 소비자, 즉 시청자의 주권이나 방송의 지나친 상업화의 우려에 대한 시민단체 중심의 목소리가 팽팽히 맞서고 있으나 어떤 식으로든 정책적인 변화의 물꼬를 트는 것이 필요하다고 본다. 필요하다면 특정한 시간이나 프로그램, 즉 일정한 존(zone)을 정해 시범적으로 도입하는 방안이 현실적인 대안일 수 있겠다. 지상파의 손과 발이 묶여 있는 사이 유료방송은 비교적 자유로운 영업환경에서 광고시장에서 입지를 넓히며 일정부분 반사이익을 누린 것이다. 중소형 광고주의 경우 상대적으로 가격이 저렴하고 노출빈도 면에서도 이점이 있기 때문에 케이블TV를 지상파TV 광고의 대안매체로 선택하는 경우가 많다. 따라서 저예산 광고주의 유치 면에서도 지상파TV의 한계가 노출되고 있다.

둘째, 타깃 시청률 자료에 근거한 매체별 예산운용 등 광고주의 광고비 집행 관행의 변화 추세를 들 수 있다. 다양한 매체의 존재는 세분화된 수용자의 미디어 이용관행에 대한 이해를 필요로 하고 있으며, 이에 대한 다양한 분석 도구의 발달은 매스마케팅이나 불특정 다수에 대한 캠페인성 광고비 집행의 비율을 줄이는 방향으로 광고주의 광고비 집행패턴의 변화를 유도하고 있다. 광고주의 광고비 집행패턴에 대한 것은 더욱 정밀한 분석이 필요하겠지만, 광고회사 바이어(매체 담당 직원)들은 대체적으로 보너스 방송, 중간광고 등 탄력적인 광고제도로 광고주 요구에 대한 탄력적인 수용과 함께 마니아층을 가진 일부 채널의 충성도 높은 시청자층이 유료방송의 강점으로 작용하고 있다고 보고 있다.

셋째는 지상파 방송의 조직구조가(특히 민영방송인 SBS를 제외한 공영방송의 경우) 이러한 산업변화에 대응하는 효율적인 경영구조를 갖추지 못하고 있기 때문이다.

디지털 컨버전스 상황에서 미디어 산업의 판도는 재편되고 있고, 그에 따라 광고시장에서의 수익구조도 변화하고 있다. 지상파 방송사로서도 당연히 적자생존의 원칙에 따라 변화하는 구조에 맞는 시스템을 찾고 거기에 적응해 나가는 것이 필요하다. 지상파 방송 프로그램 경쟁력이 약화되어 시청률이 현저히 떨어지고 그 결과 경영수지가 악화되는 경우라면 지상파 방송사로선 분명히 위기상황이다. 그러나 현재의 지상파 방송은 그러한 근원적인 위기에 봉착한 것은 아니다. 지상파라는 한정된 부분만 놓고 보면 일견 위기라고 말할 수도 있겠으나, 미디어시장 전체를 두고 영향력, 점유율, 콘텐츠 경쟁력과 파급효과

등을 총체적으로 고려해 보면 위기라고 단정지을 수 있는 상황이 아니다. 현재의 수지악화는 예견된 디지털 컨버전스 상황에 대한 대비가 소홀했거나 대비할 필요성이 없었던 시장구도에 기인한 일시적인 과도기일 수 있다. 경영상의 위기를 돌파하는 일환으로 지상파 방송사가 긴축구도를 통해 경영합리화를 기하는 것은 필연적인 수순일 수 있을 것이다. 그러나 그것이 양질의 콘텐츠 제작능력을 훼손하는 방향으로 전개된다면 지상파의 설 자리는 더욱 좁아질 것이다. 즉 무리한 제작비 삭감은 콘텐츠의 질 저하와 그에 따른 윈도우 효과 부재, 그리고 수익구조의 악화라는 악순환의 늪으로 가는 위험성을 안고 있는 것이다. 지상파 3사가 한류의 진원지가 될 수 있었던 것도 궁극적으로는 제작 재원의 안정적인 조달을 바탕으로 양질의 콘텐츠를 생산해 낸 것이 주요인으로 볼 수 있다. 즉 그것이 의도된 것이든 아니든 간에 콘텐츠에 대한 투자가 없이는 불가능했던 것이다. 지상파 3사가 위기론이 팽배한 가운데서도 '선택과 집중'의 원리에 의한 특화된 콘텐츠의 제작과 유통이 더욱 절실한 상황임을 직시한다면, 미디어 시장에서의 지배력과 입지를 지속적으로 유지 확대해 나갈 수 있을 것이다. 국내 미디어 시장은 이종매체와의 M&A 등 아직 사업자에게 엄격히 금지된 요소가 많기 때문에 사업자의 능동적인 사업전략이 구사되기 어려운 한계점이 있다. 특히 인허가 관련 사안이 많기 때문에 정책당국의 정책적인 변수에 따라 수동적으로 대응하는 양상이 되풀이되는 실정이다. 각 사업자들은 방통융합위원회 출범 등 기술발전에 부응한 합리적인 정책결정 구조가 뒷받침된다는 전제하에 통신과 방송의 제휴 또는 사업영역 확대를 위한 경쟁, 신문 등 이종매체와의 경쟁과 제휴와 같은 다차원적인 전략이 필요한 시점이다. 특히 지상파 방송 사업자들은 이전과는 다른 경영환경하에서 신속하고도 합리적인 대응체제를 마련해야 글로벌 미디어 기업으로서의 입지를 확보할 수 있는 단초를 마련할 수 있을 것이다.

세계적으로 미디어 산업계는 마케팅과 규제강화의 틀을 놓고 고심하거나 광고의 미래에 대해 불안해하고 있다. 언론 재벌 루퍼트 머독은 2005년 4월 초 미국의 고위 신문편집인을 상대로 한 강연에서 미디어산업은 전례 없는 엄청난 도전에 직면해 있다고 경고했다. 그는 이 도전이 디지털시대에 들어와 미디어산업이 어떻게 생존, 번영하는가 하는 문제에 직결돼 있다고 말했다. 머독은 마치 자신의 죄를 고백하듯이 자신 소유의 지구상의 175개 신문이 인터넷 시대에 적응하는 문제를 놓고 좀 '자만했다'고 털어놓은 바 있다. 그는 "디지털혁명으로 불리는 이 변화가 그냥 사라지기를 조용히 희망하는 죄를 저질렀다."고 말했다. 또한 "자신이 잘 알지 못하는 새로운 미디어의 등장으로 인해 혼란스럽게 된 미디어업계에 대응하기 위한 해결책을 찾느라고 정신을 차릴 수 없다."고 했다.[39] 방송 산업도 이러한 머독의 고민에서 자유로울 수 없을 것이다. WTO 및 FTA 체제하에서는 방송산업이 하나의 시청각 서비스산업으로서 취급되고 있는 것이 현실이다. 따라서 국내 서비스산업의 경쟁력 강화 및 미디어산업의 발전방안이라는 거시적 시각에서 지상파 산업의 현실을 짚어보고, 이에 대한 적절한 대응방안을 살피지는 못했다. 또한 글로벌 미디어 기업의 사례는 다양한 각도에서 활발히 국내에 소개되고 있는 것이 현실이나 미디어산업 발전단계가 국가별로 상이하고, 정책적 특수성을 간과한 벤치마킹에는 한계가 있음을 직시하고 국내 미디어산업의 독자적인 생존모델을 살펴보는 것도 필요하리라 본다. 향후 연구에서는 이와 관련한 다양하고 깊이 있는 논의가 진행되기를 기대한다.

---

39) 한국언론재단, Media worldwide, 2005. 6월호, pp.19-20.

참고문헌

1. 국문 단행본

강만석, 이영주(2005), 방송통신융합시대의 공영방송의 좌표와 개혁, 커뮤니케이션북스

공용배(2003), 영상콘텐츠산업론, 나남출판

구문모(2004), 미디어콘텐츠의 경제원리, 진한M&B

김성문(2001), 멀티미디어 시대의 방송, 한국학술정보(주)

김승수(2003), 디지털방송의 정치경제학, 언노련

김인규(2005), 방송인 김인규의 공영방송 특강, 커뮤니케이션북스

김택환, 이상복(2005), 미디어빅뱅, 박영률 출판사

수잔타일러 이스트먼 · 더글라스A · 퍼거슨 · 로버트A 클레인 엮음, 김대호 · 류춘렬 옮김(2004), 방송 · 케이블 · 인터넷 마케팅과 프로션, 한울아카데미

스가야 미노루, 나카무라 기요시 편저. 송진명 옮김(2003), 방송미디어 경제학, 커뮤니케이션북스

스가야 미노루 편저, 정순일 옮김(2005), 동아시아의 미디어콘텐츠 유통, 커뮤니케이션북스

스티븐 레이시 외 저, 한균태 · 김재범 역(1999), 미디어경영, 한울아카데미, 1999

오택섭 · 강현두 · 최정호(2003), 미디어와 정보사회, 나남,

유재천 외(2005), 컨버전스와 미디어세계, 커뮤니케이션북스

유재천, 김대호 외(2005), 디지털 컨버전스, 커뮤니케이션북스

윤호진(2004), 디지털 다매체 시대의 공영방송, 커뮤니케이션북스

윤호진(2003), 지상파 텔레비전 소유규조 : 현황과 전망, 커뮤니케이션북스

윤희일(2005), 디지털시대의 일본방송, 커뮤니케이션북스

은혜정(2005), 2005 시청행태 심층 분석, 커뮤니케이션북스

임상원 외(2004), 매체산업과 미디어 기술, 나남출판

임정수(2004), 디지털시대의 미디어산업, 한울아카데미

조항제(2003), 한국방송의 역사와 전망, 한울아카데미

전범수(2001), 글로벌 미디어기업의 경영전략, 커뮤니케이션북스
한국방송문화진흥회 엮음(2005), 방송문화총람, 한울아카데미
한국언론재단(2005), 2004 언론경영실태분석
한국언론재단(2006), 2005 언론경영실태분석
황상재 외(2003), 글로벌 시대의 미디어 경영, 방송문화진흥회
SBS서울디지털포럼(2004), 제3의 디지털혁명 컨버전스의 최전선, 미래
    M&B

2. 영문 단행본

Chandler, A. D.(1962), *Strategy and structure*, Cambridge, MA : MIT
    Press
Darcy Gerbarg(1999), *The Economics, Technology and Content of Digital
    TV*, Boston, Dordrecht, London : Kluwer Academic Publishers
David R. Croteau, William Hoynes(2003), *The Business of Media,
    Corporate media & public interest,*
Nicholas Negroponte(1990), *Being digital*, vintage
Penrose, E. (1995), T*he theory of the growth of film*, 3rd ed. Oxford
    University Press : New York Porter, M. E.(1980), *Competitive
    strategy*, New York : The Free Press

3. 국문 보고서 및 정기간행물

문화관광부(2005), 2004 문화산업백서
방송위원회(2003), 신규방송서비스 도입이 방송산업에 미치는 영향
방송위원회(2003~2006), 방송산업실태조사보고서 시민과 언론 제62호

(2005. 3/4월호)
(사)열린 미디어연구소(2005), 열린 미디어 열린사회, 2005년 가을호
이상훈(2003). "디지털시대의 방송영상산업진흥 정책의 방향과 쟁점", 방송영상산업진흥과 외주정책, 방송학회 세미나.
제일기획 광고연감 (2001~2006)
제일기획(2003), 컨버전스 시대의 멀티소비자
한국방송광고공사(2005), 매체이용행태보고서(MCR보고서)
한국방송프로듀서연합회(2005), 방송·통신 융합과 지상파 방송의 미래
한국방송프로듀서연합회(2004), 방송개혁의 의제와 대안
한국언론재단, 신문과 방송 2005.8월호
한국언론재단(2005), Media worldwide, 2005.6월호
한국언론학회(2001), 무한경쟁시대 방송사업의 진로(MBC 40주년 기념)

4. 영문 보고서 및 간행물

BBC(1996). *Extending Choice in the Digital Age*
BBC,(2004), *Building Public Value : Renewing BBC for a Digital World*

5. 학위논문

손영민(2004), 방송서비스 산업의 혁신특성과 전략, 서강대 석사학위 논문
이병덕(2004), 방송과 통신의 컨버전스 비즈니스 모델, 서강대 석사학위 논문
이상아(2001), 비즈니스 패러다임 변화에 따른 미디어 비즈니스 발전 방안에관한 연구, 중앙대 석사학위 논문
지혜원(2004), 다매체 미디어 이용의 동기와 수용자 행위에 관한 연구, 연

세대 석사학위 논문

6. 기   타

국내외 미디어기업 및 한국방송광고공사 등 방송유관기관 웹 사이트 참조

부　록

〈부　록 1〉

GDP 대비 광고비 점유율 현황(1972년 － 2006년)

(단위: 억 원, %)

연　도	GDP	총광고비		지상파 방송광고비				
		금 액	점유비	TV	R	DMB	계	점유비
1972년	42,179	190	0.45	47	30	－	77	0.18
1973년	54,536	231	0.42	66	35	－	101	0.19
1974년	77,777	430	0.55	148	98	－	246	0.32
1975년	103,861	650	0.63	268	109	－	377	0.36
1976년	143,045	935	0.65	304	148	－	452	0.32
1977년	183,564	1,200	0.65	409	174	－	583	0.32
1978년	247,447	1,699	0.69	545	213	－	758	0.31
1979년	317,319	2,185	0.69	631	302	－	933	0.29
1980년	387,749	2,752	0.71	820	344	－	1,164	0.30
1981년	486,727	3,183	0.65	909	288	－	1,197	0.25
1982년	557,217	4,265	0.77	1,368	308	－	1,676	0.30
1983년	655,590	5,653	0.86	1,930	356	－	2,286	0.35
1984년	751,263	6,834	0.91	2,538	427	－	2,965	0.39
1985년	840,610	7,393	0.88	2,670	427	－	3,097	0.37
1986년	981,102	8,185	0.83	2,995	444	－	3,439	0.35
1987년	1,151,643	9,724	0.84	3,535	471	－	4,006	0.35
1988년	1,371,115	12,785	0.93	4,452	515	－	4,967	0.36
1989년	1,547,534	15,646	1.01	5,264	626	－	5,890	0.38
1990년	1,866,909	20,001	1.07	5,982	953	－	6,935	0.37
1991년	2,260,076	23,955	1.06	6,448	1,209	－	7,657	0.34
1992년	2,575,254	28,159	1.09	8,342	1,296	－	9,638	0.37
1993년	2,906,756	32,287	1.11	8,952	1,371	－	10,323	0.36
1994년	3,402,083	40,284	1.18	10,365	1,486	－	11,851	0.35
1995년	3,988,377	49,513	1.24	12,981	1,734	－	14,715	0.37

연 도	GDP	총광고비		지상파 방송광고비				
		금 액	점유비	TV	R	DMB	계	점유비
1996년	4,485,964	56,156	1.25	15,873	2,117	–	17,990	0.40
1997년	4,911,348	53,770	1.09	15,486	2,314	–	17,800	0.36
1998년	4,841,028	34,846	0.72	10,261	1,372	–	11,633	0.24
1999년	5,294,997	46,206	0.87	14,921	1,753	–	16,674	0.31
2000년	5,786,645	58,534	1.01	20,687	2,504	–	23,191	0.40
2001년	6,221,226	54,096	0.87	19,537	2,372	–	21,909	0.35
2002년	6,842,635	68,442	1.00	24,394	2,780	–	27,174	0.40
2003년	7,246,750	69,868	0.96	23,671	2,751	–	26,422	0.36
2004년	7,793,805	68,401	0.88	22,350	2,653	–	25,003	0.32
2005년	8,105,159	70,539	0.87	21,492	2,683	–	24,175	0.30
2006년	8,478,764	76,339	0.90	21,839	2,799	17	24,655	0.29

※ TV, 라디오는 한국 방송광고공사 자료, 총광고비는 제일기획 광고연감 자료 (2003
년부터 기타매체 광고비 집계기준이 변경됨)
※ GDP는 통계청 자료
※ 지상파DMB는 2006년부터 한국방송광고공사에서 영업개시

매체별 광고비 현황(1970-2006)

(단위:억원,%)

연 도	TV		라디오		신 문		잡 지		기 타		합 계		KOBACO 매출액
	광고비	점유율	광고비	점유율	광고비	점유율	광고비	점유율	광고비	점유율	광고비	전년대비	
1970	18	14.0	26	20.7	60	46.9	8	6.5	15	12.0	127	-	44
1971	28	18.5	26	17.3	68	44.8	11	7.0	19	12.4	152	19.4%	54
1972	47	24.5	30	15.6	68	35.8	15	7.8	31	16.3	190	25.1%	76
1973	66	28.4	35	15.2	82	35.3	16	6.9	33	14.2	231	21.5%	101
1974	148	34.5	98	22.9	138	32.0	19	4.5	26	6.1	430	86.1%	247
1975	268	41.3	109	16.8	208	32.0	18	2.7	47	7.2	650	51.2%	378
1976	304	32.5	148	15.8	315	33.7	36	3.8	133	14.2	935	43.8%	452
1977	409	34.0	174	14.5	377	31.3	37	3.1	206	17.1	1,203	28.7%	583
1978	545	32.1	213	12.5	574	33.8	57	3.4	310	18.2	1,699	41.3%	759
1979	631	28.9	302	13.8	763	34.9	82	3.7	409	18.7	2,186	28.6%	933
소 계	2,464	31.6	1,162	14.9	2,652	34.0	298	3.8	1,228	15.7	7,803	-	3,626

연 도	TV		라디오		신문		잡지		기타		합계		KOBACO
	광고비	점유율	광고비	점유율	광고비	점유율	광고비	점유율	광고비	점유율	광고비	점유율	매출액
1980	820	29.8	344	12.5	989	35.9	108	3.9	491	17.8	2,753	25.9%	1,164
1981	909	28.5	288	9.0	1,237	38.8	130	4.1	551	17.3	3,184	15.7%	1,197
1982	1,368	32.1	308	7.2	1,690	39.6	184	4.3	775	18.2	4,265	34.0%	1,677
1983	1,930	34.1	356	6.3	2,190	38.7	225	4.0	953	16.9	5,653	32.5%	2,285
1984	2,538	37.1	427	6.2	2,582	37.8	242	3.5	1,046	15.3	6,834	20.9%	2,965
1985	2,670	33.7	427	5.4	2,790	35.2	308	3.9	1,198	15.1	7,933	16.1%	3,097
1986	2,995	36.6	444	5.4	3,000	36.7	347	4.2	1,406	17.2	8,185	3.2%	3,439
1987	3,535	36.4	471	4.8	3,398	35.0	463	4.8	1,856	19.1	9,724	18.8%	4,006
1988	4,452	34.8	515	4.0	4,630	36.2	652	5.1	2,540	19.9	12,785	31.5%	4,967
1989	5,264	33.6	626	4.0	6,138	39.2	827	5.3	2,796	17.9	15,646	22.4%	5,890
소계	26,480	34.4	4,207	5.5	28,646	37.2	3,484	4.5	13,613	17.7	76,962	-	30,687

연 도	TV		라디오		신 문		잡 지		기 타		합 계		KOBACO
	광고비	점유율	광고비	점유율	광고비	점유율	광고비	점유율	광고비	점유율	광고비	점유율	매출액
1990	5,982	29.9	953	4.8	8,527	42.6	1,169	5.8	3,371	16.9	20,001	27.8%	6,935
1991	6,449	26.9	1,209	5.0	10,196	42.6	1,253	5.2	4,848	20.2	23,955	19.8%	7,657
1992	8,342	29.6	1,297	4.6	11,409	40.5	1,214	4.3	5,897	20.9	28,159	17.5%	9,639
1993	8,952	27.7	1,372	4.3	13,327	41.3	1,240	3.8	7,397	22.9	32,287	14.7%	10,324
1994	10,365	25.7	1,486	3.7	17,778	44.1	1,557	3.9	9,098	22.6	40,284	24.8%	11,851
1995	12,981	26.2	1,734	3.5	21,411	43.3	1,761	3.6	11,586	23.4	49,473	22.8%	14,715
1996	15,873	28.3	2,117	3.8	23,186	41.3	2,078	3.7	12,902	23.0	56,156	13.5%	17,990
1997	15,486	27.0	2,314	4.0	21,261	37.1	2,130	3.7	16,179	28.2	57,370	2.2%	17,800
1998	10,261	29.4	1,372	3.9	13,437	38.6	1,024	2.9	8,751	25.1	34,846	-39.3%	11,633
1999	14,922	32.3	1,753	3.8	18,055	39.1	1,300	2.8	10,176	22.0	46,206	32.6%	16,675
소계	109,612	28.2	15,608	4.0	158,586	40.8	14,726	3.8	90,203	23.2	388,735		125,220

연 도	TV		라디오		신문		잡지		기타		합계		KOBACO 매출액
	광고비	점유율	광고비	점유율	광고비	점유율	광고비	점유율	광고비	점유율	광고비	점유율	
2000	20,687	35.3	2,504	4.3	21,214	36.2	1,634	2.8	12,496	21.4	58,534	26.7%	23,190
2001	19,542	36.1	2,403	4.4	17,500	32.4	1,563	2.9	13,088	24.2	54,096	-7.6%	21,945
2002	24,398	35.7	2,812	4.1	20,200	29.5	5,465	8.0	15,567	22.7	68,442	26.5%	27,210
2003	23,671	33.9	2,751	3.9	18,900	27.1	5,006	7.2	19,540	27.9	69,868	2.1%	26,422
2004	22,350	32.7	2,653	3.9	17,436	25.5	4,256	6.2	21,706	31.7	68,401	-2.1%	25,003
2005	21,492	30.5	2,683	3.8	16,724	23.7	4,368	6.2	25,272	35.8	70,539	3.1%	24,175
2006	21,839	28.6	2,799	3.7	17,013	22.3	4,591	6.0	30,098	39.4	76,339	8.2%	24,655
소계	153,979	33.0	18,605	4.0	128,987	27.7	26,883	5.8	137,767	29.5	466,219	-	172,600
총계	292,536	31.1	39,581	4.2	318,871	33.9	45,391	4.8	242,812	25.8	939,720	-	332,134

※ 자료출처 : 한국방송광고공사. 제일기획 광고연감
※ 2003년부터 기타매체(케이블TV, 온라인, 옥외광고 등) 광고비 집계 기준이 변경
※ 지상파DMB는 '기타'에 포함

3. 최근 10년간 TV3사 방송광고비 현황(1997년-2006년)

(단위: 억원)

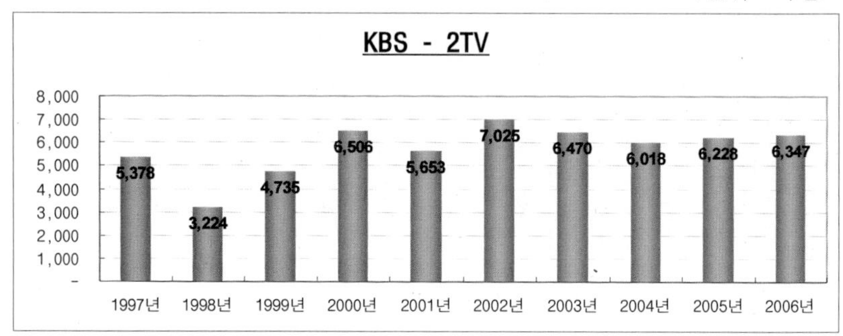

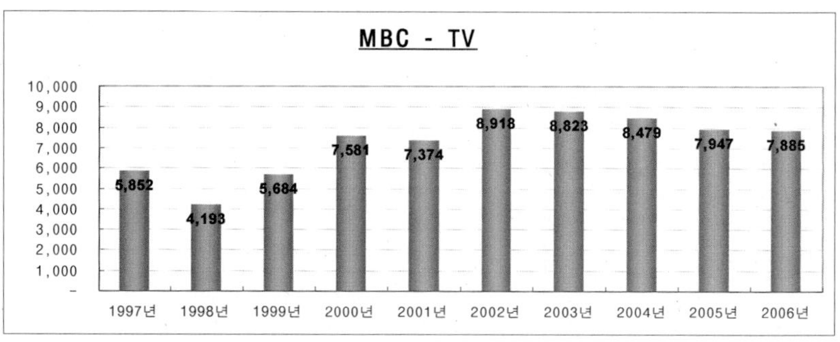

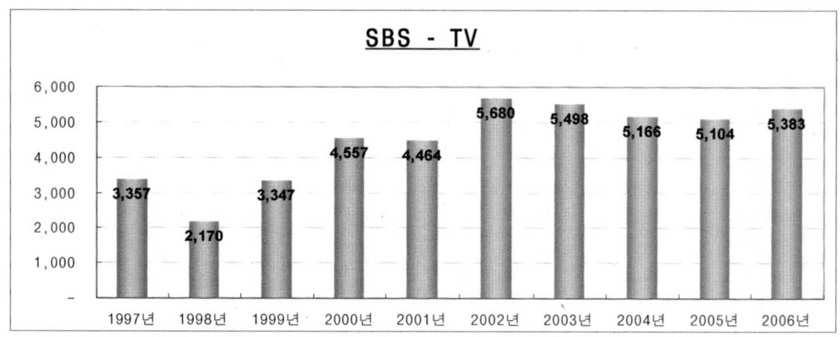

(단위: 억원)

	KBS	MBC	SBS
1997년	5,378	5,852	3,357
1998년	3,224	4,193	2,170
1999년	4,735	5,684	3,347
2000년	6,506	7,581	4,557
2001년	5,653	7,374	4,464
2002년	7,025	8,918	5,680
2003년	6,470	8,823	5,498
2004년	6,018	8,479	5,166
2005년	6,228	7,947	5,104
2006년	6,347	7,885	5,383

〈부 록 2〉

2006년 Media & Consumer Research
(MCR; 소비자행태조사)주요 결과 요약 분석

매체이용행태조사(media comsumer research), 약칭 MCR은 KOBACO가 여론조사 전문기관인 TNS에 의뢰하여 2006년 5월 10일부터 2주 동안, 전국(제주도 포함) 대도시 및 중소도시 거주자 6,000명을 대상으로 실시하였으며, 95% 신뢰수준에서 표본 오차는 ±1.3%입니다. MCR은 수용자 연구, 미디어 경제 분야 등 다양한 분야에서 참고할 만한 통계가 많을 듯해서 요약본을 참고자료로 첨부합니다. KOBACO의 MCR은 미디어이용행태와 관련해서는 그 규모나 공신력 면에서 국내에서 인정받고 있고, 광고계나 학계에서 많이 사용하는 자료입니다. 이 자료는 KOBACO에서 매년 실시하는 자료로 보도 릴리스되었고 KOBACO 홈페이지에 공개된 자료이기에 부록으로 첨부합니다.

1. 6대 매체 특성 및 비교평가

■ 매체 접촉도, 관심도, 이미지, 광고효과, 광고특성 등 모든 면에서 '지상파 TV' 매체가 높은 평가 받아

6대 매체의 접촉률은, 지상파 TV의 접촉률이 98.6%로 거의 모든 국민이 지상파 TV를 시청하고 있는 것으로 조사되었으며, '인터넷(78.4%)' 접촉률이 두 번째로 높았고, 다음은 '케이블/위성TV(71.3)'임.〈그림 1〉

그림 1 : 6대 매체 접촉률

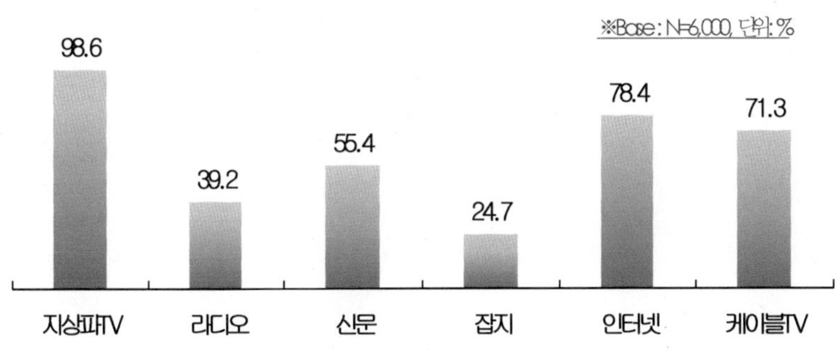

6대 매체의 관심도는 '지상파 TV'가 71.4%로 월등히 높은 가운데, '인터넷(45.4%)' 〉 '신문(23.3%)' 〉 '케이블/위성TV(18.5%)' 등의 순임.〈그림 2〉

그림 2 : 6대 매체 관심도(매우 관심 있다 + 관심 있다, %)

6대 매체의 관심도를 소득 및 연령으로 구분한 포지셔닝맵으로 구성해 보면, 연령과 소득에 관계없이 '지상파TV'의 관심도가 대체로 높게 나타난 가운데 연령/소득이 평균에 가까운 '보통사람들'이 가장 관심을 갖는 매체란 것을 알 수 있음.〈그림 3〉

그림 3 : 6대 매체 관심도 포지셔닝

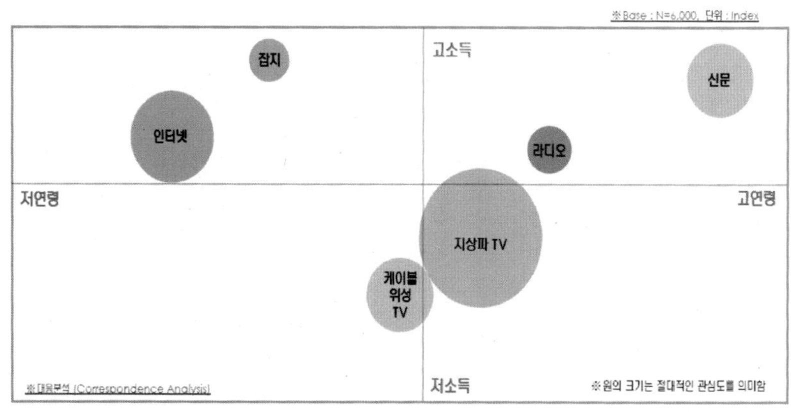

6대 매체별 이미지 특성은 '재미있다', '신뢰감을 준다', '교양적이다', '공정하다', '신속하다', '유익한 정보를 제공한다'의 6가지 조사항목 전

부에서 '지상파 TV'가 가장 높은 평가를 받았으며, TV 다음으로는
'인터넷'이 비교적 높은 평가를 받았음.〈그림 4〉

그림 4 : 6대 매체 이미지 특성 비교

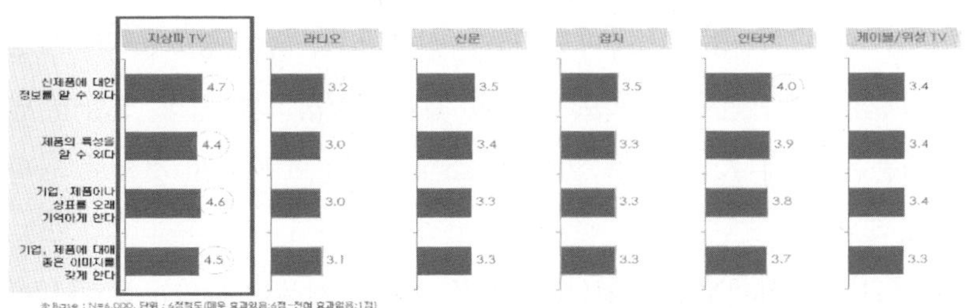

광고 효과 측면에서도 '신제품에 대한 정보를 알 수 있다', '제품의
특성을 알 수 있다', '기업, 제품이나 상표를 오래 기억하게 한다', '기
업, 제품에 대한 좋은 이미지를 갖게 한다'의 4가지 측정 기준 모두
'지상파 TV'의 광고효과가 월등한 것으로 평가됨.〈그림 5〉

그림 5 : 6대 매체 광고 효과 비교

　광고 특성 측면에서도 '구입할 때 도움이 된다', '사고 싶은 충동을 느끼게 한다', '재미있다', '감각적이다', '화젯거리를 만든다', '기억에 오래 남는다', '광고 때문에 제품을 산 적이 있다'의 7가지 측정 기준 모두 '지상파 TV'의 광고가 긍정적인 평가를 받음.〈그림 6〉

그림 6 : 6대 매체 광고 특성 비교

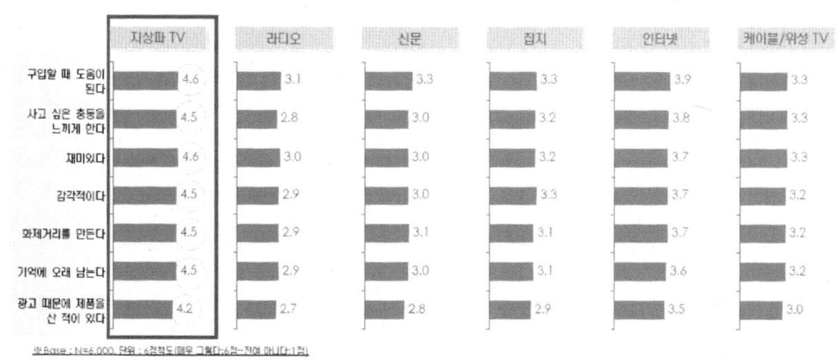

■ 가전, 음료, 식품 제품군에서 'TV 광고'의 구매영향력 가장 커

　72개 조사대상 제품의 구매에 영향을 미치는 정보채널을 'TV 광고', '케이블/위성TV 광고', '라디오광고', '신문광고', '잡지광고', '인터넷광고', '매장', '주위권유' 등으로 조사한 결과 TV광고에 가장 영향을 받는 제품은 전체 72개 제품 가운데 28개 제품(38.9%)인 것으로 나타남.〈표 1〉

　제품군별로 살펴보면 가전(16개 제품 중 8개 제품이 해당), 음료(12개 제품 중 9개 제품), 식품(4개 제품 중 4개 제품) 제품군에 해당하는 제품들의 구매 시 TV 광고가 많은 영향력을 미치는 정보채널로 조사됨.

표 1 : 제품군별 구입 시 TV 광고 영향력

구　분	전체 조사대상 제품	구매 결정 시 TV 광고에 가장 영향을 크게 받는 제품
가　전	칼라TV, DVD, 냉장고, 김치냉장고, 가스오븐, 에어컨, 세탁기, 전기밥솥, 정수기, 비데, 공기청정기, 비디오카메라/캠코더, 디지털카메라, MP3 플레이어, 데스크탑, 노트북	칼라TV, DVD, 냉장고, 김치냉장고, 가스오븐, 에어컨, 세탁기, 전기밥솥
전화서비스	이동전화, 휴대폰단말기, 국제전화, 초고속인터넷	휴대폰단말기, 국제전화
유통/외식	백화점, 대형할인점, 홈쇼핑, 인터넷쇼핑, 패밀리레스토랑, 패스트푸드, 피자점	－
음　료	콜라, 사이다, 기타탄산, 기능성음료, 스포츠이온음료, 드링크류, 인스턴트커피, 캔 커피, 과일주스, 두유, 우유, 요구르트	콜라, 사이다, 기타탄산, 기능성음료, 스포츠이온음료, 드링크류, 인스턴트커피, 캔 커피, 과일주스
제　과	비스킷/쿠키, 스낵, 베이커리, 훼미리형 아이스크림, 하드형 아이스크림, 콘 및 샌드형 아이스크림	비스킷/쿠키, 훼미리형 아이스크림, 하드형 아이스크림, 콘 및 샌드형 아이스크림
식　품	봉지라면, 용기라면, 즉석요리, 메이커고추장	봉지라면, 용기라면, 즉석요리, 메이커고추장
주　류	맥주, 소주, 전통주	－
화장품	남성스킨 및 로션, 기초 및 기능성 화장품, 트윈 케익/파우더, 클렌징	－
제　약	종합감기약, 붙이는 파스, 잇몸약	－
의　류	청바지, 신사정장	－
금　융	은행, 신용카드, 증권/투자신탁, 생명보험, 자동차보험	－
기　타	학습지, 침대, 아파트, 자동차, 주유소, 골프용품	주유소

2. TV 시청 행태

■ TV 시청의 주 목적은 '흥미/오락'

TV를 시청하는 목적은 '흥미/오락' 〉 '습관적' 〉 '정보/지식/교양습득' 〉 '시간보내기'의 순으로 나타남.〈그림7〉

'흥미/오락' 목적의 시청은 매년 가장 많은 TV 시청 목적으로 조사된 가운데, 최근 3년간에 점차 증가하고 있는 경향이 나타나고 있어, TV의 오락 프로그램 편성의 증가와 함께 TV의 엔터테인먼트적 활용이 늘고 있는 것으로 분석됨.

그림 7 : 연도별 TV 시청 목적

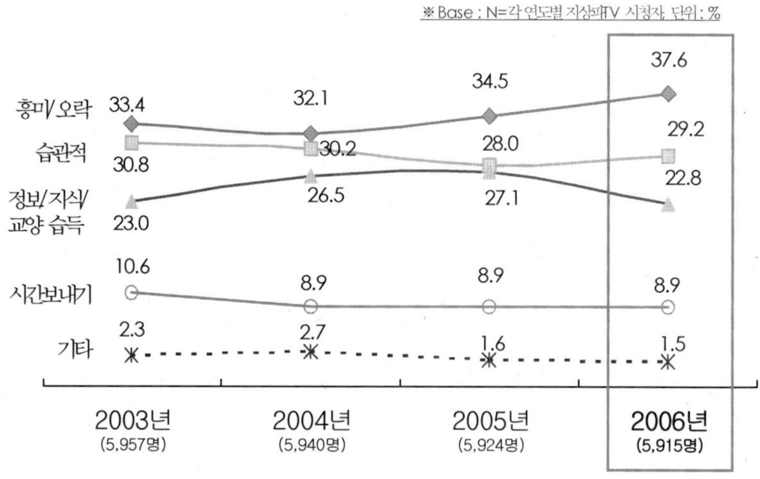

▣ 지상파 TV에서 가장 선호하는 프로그램 유형은 '드라마'

지상파 TV에서 가장 즐겨 시청하는 프로그램은 '드라마(32.0%)'인 것으로 나타났으며, '뉴스/보도(25.3%)'와 '쇼/오락(21.4%)' 프로그램을 즐겨본다는 응답이 다음으로 높았음.〈그림 8〉

그림 8 : 지상파 TV 채널의 선호 프로그램 유형

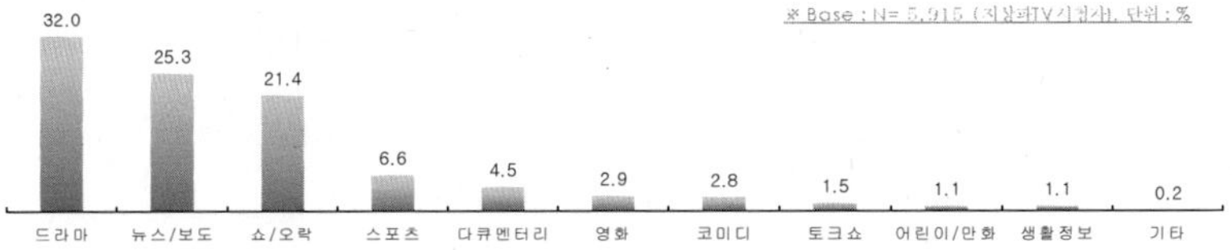

성/연령별 선호 프로그램 유형을 살펴보면, 남성은 '뉴스/보도(38.0%)' 프로그램을 즐겨 시청하는 것으로 나타났고, 여성은 '드라마(54.8%)'를 즐겨 시청하는 것으로 나타났으며, 연령별로는 10대와 20대가 '쇼/오락', 30대 이상이 '드라마'와 '뉴스/보도'를 즐겨 시청하는 것으로 나타남.〈표 2〉

표 2 : 성/연령별 지상파 TV 채널의 선호 프로그램 유형

	전체	남자						여자					
		전체	10대	20대	30대	40대	50대이상	전체	10대	20대	30대	40대	50대이상
사례수(명)	5,915	2,984	396	621	724	688	555	2,931	359	602	710	676	584
드라마	32.0	9.7	7.1	11.8	11.3	6.7	10.6	**54.8**	28.4	**44.9**	**59.7**	**57.5**	**72.1**
뉴스/보도	25.3	**38.0**	2.0	14.5	**38.0**	**58.0**	**65.4**	12.3	2.5	6.0	13.2	19.8	15.1
쇼/오락	21.4	23.1	**55.1**	**42.0**	18.5	8.0	3.6	19.6	**54.9**	**34.6**	13.0	8.3	3.8
스포츠	6.6	12.4	7.1	11.6	16.3	14.2	9.9	0.6	0.3	0.5	0.1	1.2	0.9
다큐멘터리	4.5	4.8	1.8	2.1	5.8	7.1	5.6	4.2	0.8	2.8	4.6	7.1	3.9
영화	2.9	4.0	4.3	6.6	5.2	1.9	1.6	1.8	2.2	3.3	2.0	1.3	0.5
코미디	2.8	3.7	11.4	6.1	2.3	1.3	0.4	1.8	6.7	2.7	0.7	0.6	0.5
토크쇼	1.5	1.6	1.8	2.6	1.4	1.3	0.9	1.4	1.4	2.0	1.4	1.9	0.3
어린이/만화	1.1	1.1	6.1	0.6	0.4	0.1	0.0	1.1	1.4	0.8	2.1	0.4	0.5
생활정보	1.0	0.6	0.3	0.8	0.3	0.3	1.3	1.4	0.3	1.3	2.3	1.0	1.7
기타	0.2	0.2	1.3	0.2	0.0	0.0	0.0	0.2	0.6	0.2	0.1	0.1	0.2

※Base : N=2,984 (지상파 TV 시청자-남자), 단위 : %

※Base : N=2,931 (지상파 TV 시청자-여자), 단위 : %

■ TV 시청 중 광고가 나오면, '광고를 본다' 68.4%

　TV 시청 중 광고가 나오면, '광고를 본다'는 응답이 68.4%, '채널을 돌리거나 TV를 보지 않는다'는 응답은 29.3%에 불과함. TV 광고를 시청하는 주 이유는 '다른 프로그램을 기다리다가(37.6%)'인 것으로 나타남.〈그림 9〉

그림 9 : TV 광고 시청 행태 및 TV 광고 시청 이유

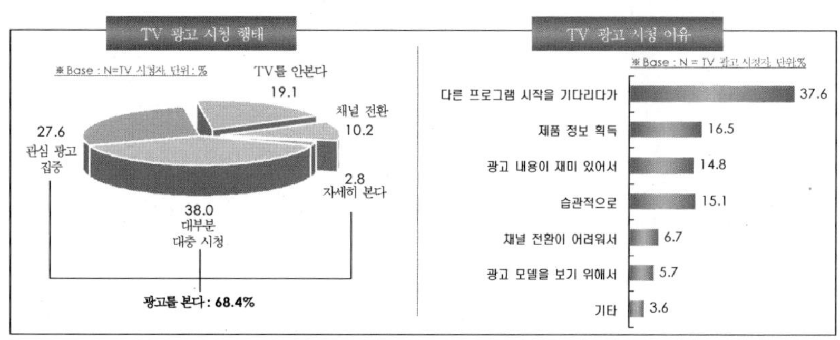

■ 10대~30대 여성과 학생 · 사무직 종사자 · 주부의 TV 광고 주목률 높아

　TV 광고 주목률은 남성보다 여성이, 젊은층일수록 높아 특히 10대~20대 여성의 경우 광고 주목률이 78%대로 매우 높게 나타남.〈그림 10〉

　직업별로는 학생층이 76.1%로 광고 주목률이 가장 높았으며, 주부(73.8%)의 광고 주목률이 두 번째로 높았음.

그림 10 : 성/연령/직업별 광고 주목률

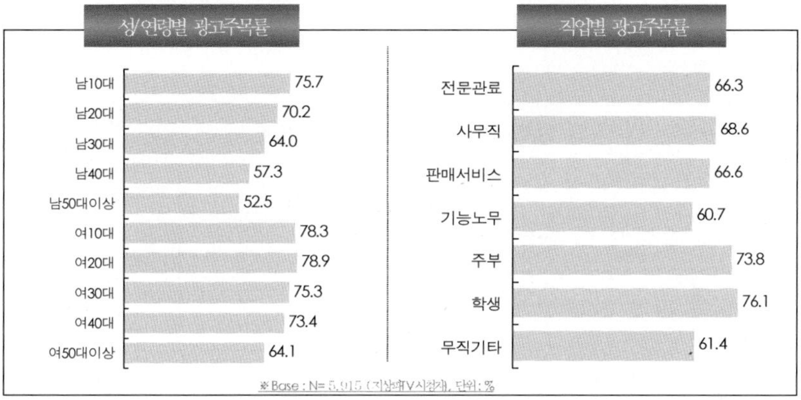

성/연령별 광고주목률

남10대	75.7
남20대	70.2
남30대	64.0
남40대	57.3
남50대이상	52.5
여10대	78.3
여20대	78.9
여30대	75.3
여40대	73.4
여50대이상	64.1

직업별 광고주목률

전문관료	66.3
사무직	68.6
판매서비스	66.6
기능노무	60.7
주부	73.8
학생	76.1
무직기타	61.4

※ Base : N= 5,915 (지난해 TV시청자), 단위 : %

3. 라디오 청취 행태

▣ 라디오 청취 시간, 평일에는 증가하고, 주말에는 감소 추세

라디오 청취행태를 살펴보면 주말의 라디오 청취시간이 감소한 반면, 승용차 보유율의 증가와 차량 출·퇴근자가 증가하면서 평일 라디오 청취시간은 소폭 증가하는 경향을 보이는 것으로 조사됨.〈그림 11〉

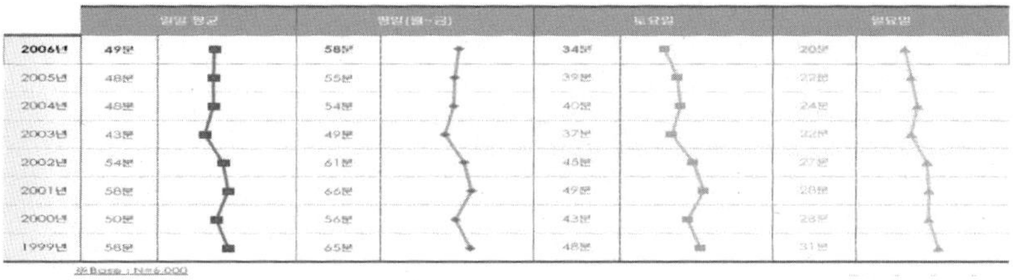

	일일 평균	평일(월~금)	토요일	일요일
2006년	49분	58분	34분	20분
2005년	48분	55분	39분	22분
2004년	48분	54분	40분	24분
2003년	43분	49분	37분	22분
2002년	54분	61분	46분	27분
2001년	58분	66분	49분	28분
2000년	50분	56분	43분	28분
1999년	56분	65분	48분	31분

※ Base : N=6,000

한편, 라디오의 주 청취 장소는 '자가용 등 자가 교통수단(46.0%)'이라는 응답이 가장 많았으며, '집(27.8%)'이라는 응답이 두 번째로 높았음.〈그림 12〉

그림 12 : 라디오 청취 장소

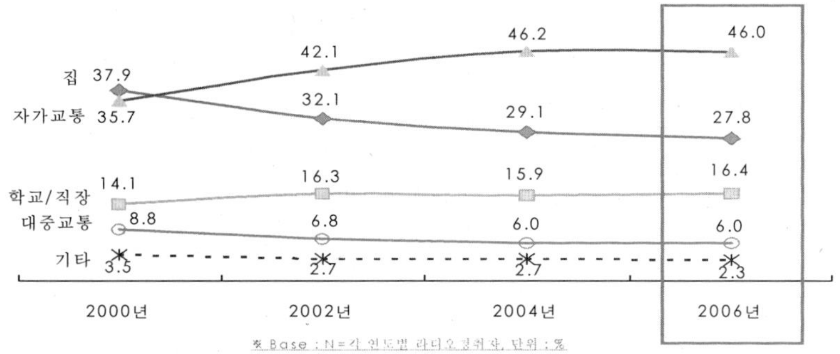

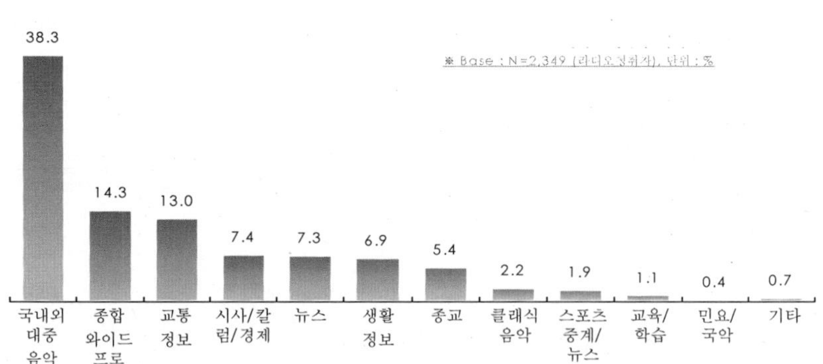

가장 즐겨 듣는 라디오 프로그램은 '국내외 대중음악(38.3%)'인 것으로 나타났으며, 다음으로 '종합 와이드프로(14.3%)', '교통정보(13.0%)', '시사/칼럼/경제(7.4%)' 등의 순인 것으로 나타남.〈그림 13〉

그림 13 : 라디오 선호 프로그램

▣ 라디오 청취자 10명 중 6명(63.3%)은 라디오 광고 청취, 10대 남성, 여성 및 40대 이하 여성의 라디오 광고 주목도 높아

라디오 청취자 10명 중 6명(63.3%)은 라디오 광고를 청취하는 것으로 나타나, TV 광고 대비 광고 주목도가 다소 낮았음.〈그림 14〉

그림 14 : 라디오 광고 청취 정도

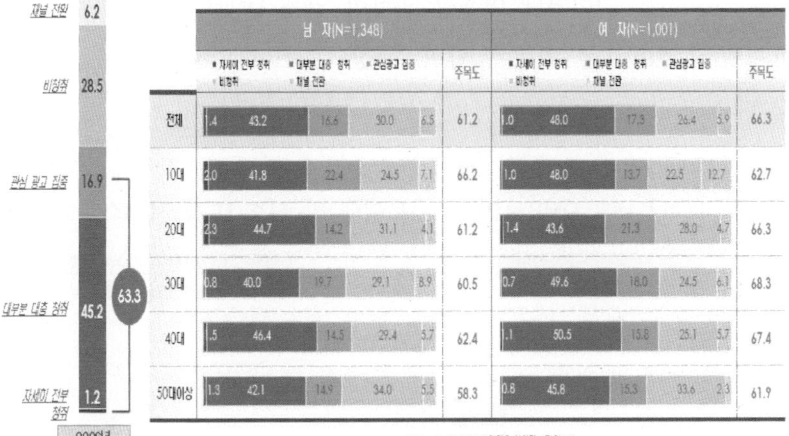
채널 전환 6.2
비청취 28.5
관심 광고 집중 16.9
대부분 대충 청취 45.2
자세히 전부 청취 1.2
63.3
2006년 (N=2,349)
남 자(N=1,348)
여 자(N=1,001)
자세히 전부 청취
대부분 대충 청취
관심광고 집중
비청취
채널 전환
주목도
전체 1.4 43.2 16.6 30.0 6.5 61.2
전체 1.0 48.0 17.3 26.4 5.9 66.3
10대 2.0 41.8 22.4 24.5 7.1 66.2
10대 1.0 48.0 13.7 22.5 12.7 62.7
20대 2.3 44.7 14.2 31.1 4.1 61.2
20대 1.4 43.6 21.3 28.0 4.7 66.3
30대 0.8 40.0 19.7 29.1 8.9 60.5
30대 0.7 49.6 18.0 24.5 6.1 68.3
40대 1.5 46.4 14.5 29.4 5.7 62.4
40대 1.1 50.5 15.8 25.1 5.7 67.4
50대이상 1.3 42.1 14.9 34.0 5.5 58.3
50대이상 0.8 45.8 15.3 33.6 2.3 61.9

※ Base : N=2,349(라디오 청취자), 단위 : %

(주목도 : 자세히 청취 + 대부분 대충 청취 + 관심 광고 집중)

4. DMB 이용

■ 10명 중 3명(28.6%)은 향후 DMB 서비스를 이용할 의향이 있어

조사 당시 DMB 서비스 이용률은 2.3%인 것으로 조사되었으며, 향후 DMB 서비스를 이용할 의향이 있다는 응답은 28.6%임. 현재 DMB 서비스를 이용 중이거나 이용할 의향이 있는 DMB 서비스로는 '지상파 DMB(58.9%)'를 꼽는 응답이 '위성 DMB(42.6%)'를 꼽는 응답보다 다소 많았음.〈그림 15〉

그림 15 : DMB 서비스 이용행태 및 선호 DMB 서비스

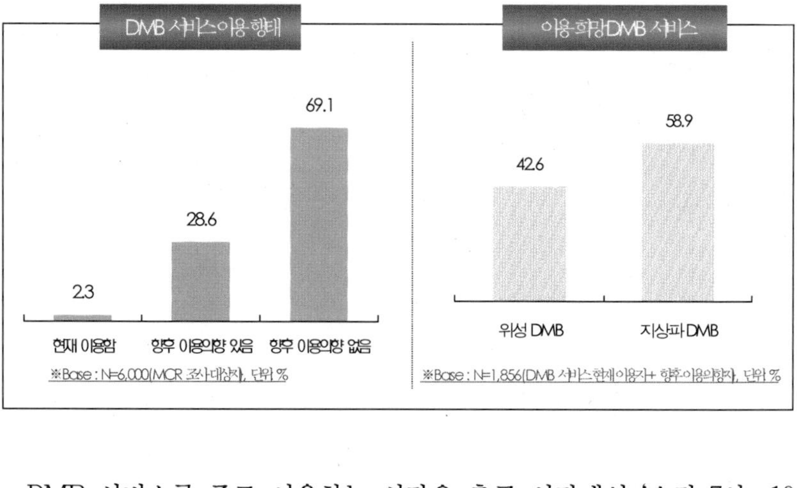

DMB 서비스를 주로 이용하는 시간은 출근 시간대인 '오전 7시~10시(40.1%)'를 꼽는 응답이 가장 많았으며, 그다음으로 퇴근 시간대인 '오후 6시~8시(34.7%)'와 점심 시간대인 '정오 12시~2시(33.0%)'를 꼽는 응답이 다음으로 많았음.〈그림 16〉

그림 16 : DMB 서비스 주 이용 시간대(1순위시간대+2순위시간대)

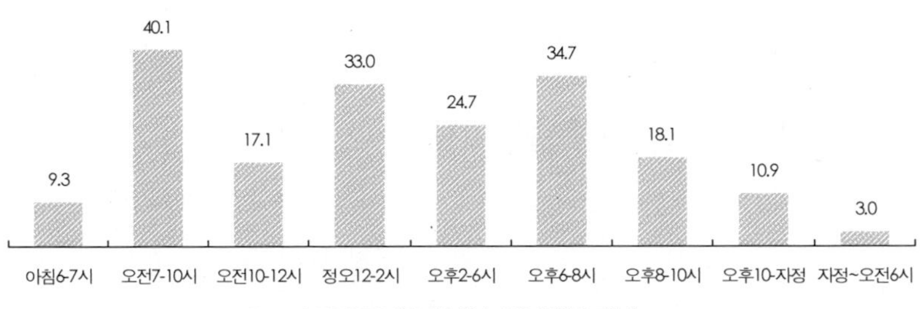

향후 DMB 서비스를 이용할 의향이 없다는 사람들은 이용하지 않는 이유로 '이용요금이 부담스러워서(42.1%)'를 꼽고 있는 것으로 조사되었으며, 현재 지상파 DMB 서비스의 시급 해결 과제로는 '전국방송(60.4%)'을 꼽았음.〈그림 17〉

그림 17 : DMB 서비스 非이용 이유 및 지상파 DMB 서비스
시급 해결과제

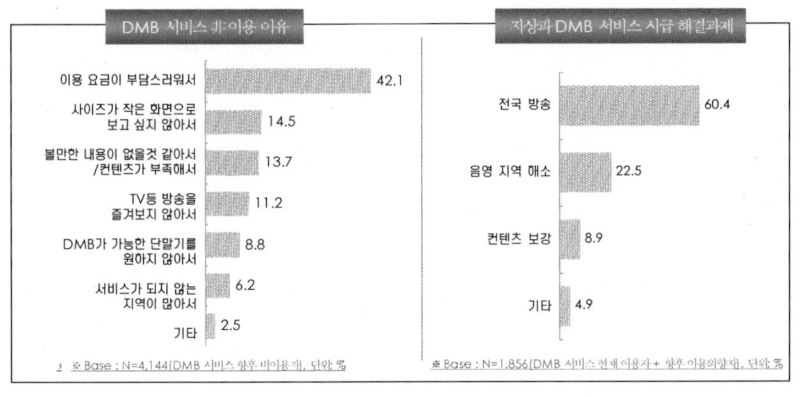

5. 신문 열독 행태

■ 신문은 정보/지식/교양 습득의 매체

독자들은 신문을 읽는 가장 큰 목적으로 '정보/지식/교양 습득(70.4%)'을 꼽고 있으며, 다음으로 '습관적으로 읽는다(16.9%)', '흥미/오락을 위해 읽는다(7.4%)', '시간 보내기 위해 읽는다(4.3%)'의 순으로 나타남.〈그림 18〉

신문 독자들이 신문 열독의 주된 목적으로 꼽은 정보/지식/교양 습득 목적의 신문 읽기는 MCR 조사가 시작된 99년도 이래로 매년 70%에 육박하는 압도적인 응답률을 보이고 있어, 신문이 독자들에게 정보와 지식의 원천이 되는 매체로 인식되고 있음을 확인함.

그림 18 : 연도별 신문을 읽는 목적

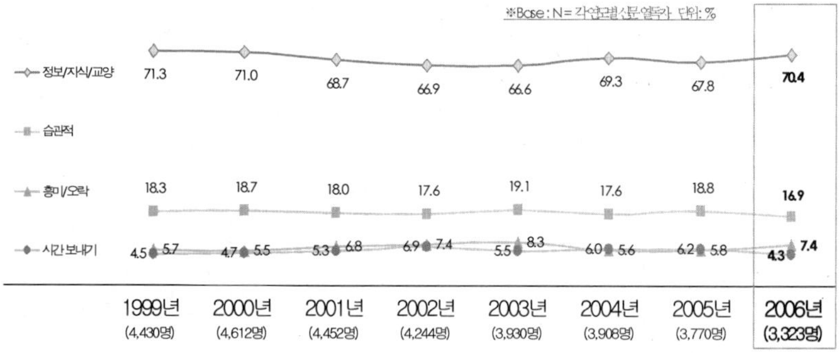

■ 선호도, 종합일간지〉스포츠지〉경제지〉무료일간지 순

신문 독자가 가장 선호하는 신문 유형은 종합일간지(63.7%)이며, 다음으로 스포츠지(13.8%), 경제지(8.9%)의 순인 것으로 나타남. 이러한 선호도 순위는 지난 몇 년간의 조사결과와 큰 차이를 보이고 있지는 않음.〈그림 19〉

그림 19 : 연도별 선호 신문 유형

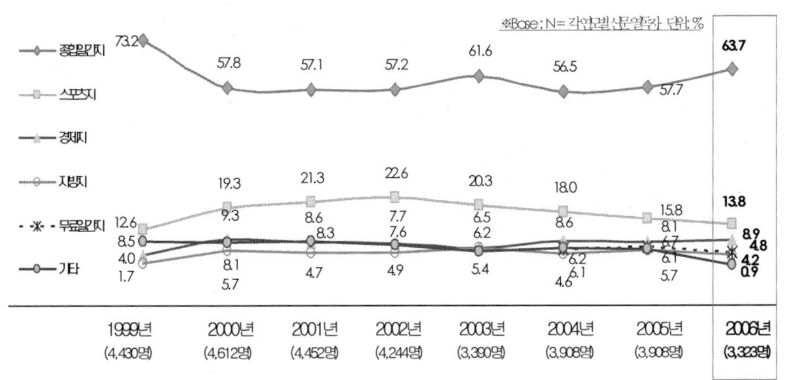

신문 독자 가운데 신문 광고를 '본다'는 비율은 38.2%로 나타나 10명 중 4명 정도가 신문광고를 보는 것으로 나타남.〈그림 20〉

신문광고 주목률은 여자(44.5%)가 남자(33.7%)보다 높게 조사됨. 연령별로는 젊은 층일수록 신문광고 주목률이 높게 나타남.

그림 20 : 성/연령별 신문광고 주목률

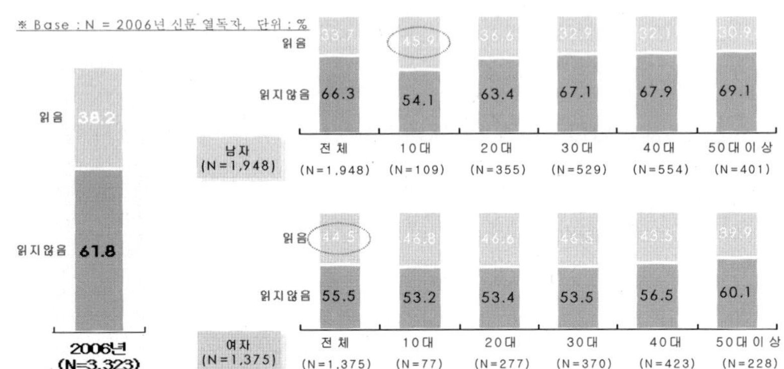

■ 무료일간지 독자 2명 중 1명은 광고 본다

신문 열독자중 1주일 이내에 무료 일간지를 읽은 경험이 있다는 응답자는 전체의 20.6%로 나타나 전년(17.9%)과 비교하여 다소 높게 나타났으며, 주로 남녀 20대에서 무료일간지 열독 경험이 많은 것으로 조사됨.〈그림 21〉

그림 21 : 성/연령별 무료 일간지 읽은 경험

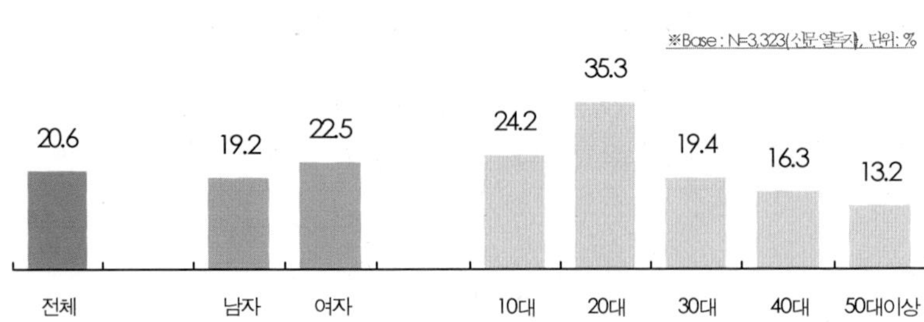

무료일간지 독자 중 무료일간지의 광고를 '본다'는 응답자가 반수가
량인 49.5%로 나타나 신문전체의 광고주목률 평균(38.2%)보다도
높았음.〈그림 22〉

성별로는 여자(57.1%)가 남자(43.3%)보다 무료일간지 광고를 본다
는 비율이 높으며, 연령별로는 10대, 20대와 40대의 무료일간지 광고
주목률이 높음.

그림 22 : 성/연령별 무료일간지 광고 주목률

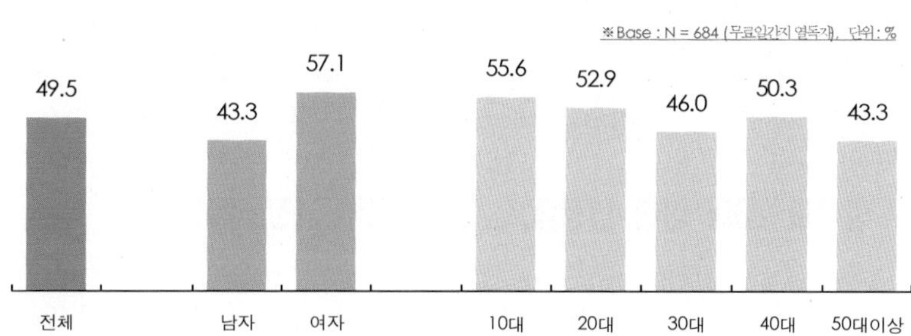

6. 잡지 열독 행태

■ 가장 선호하는 잡지, '여성 월간지'

잡지를 한 달에 1번 이상 보는 사람은 전체의 24.7%였음. 조사대상
전체의 한 달 평균 열독 잡지권수는 0.5권으로 조사되었으며, 열독자
를 기준으로 할 경우 한달 평균 2.1권의 잡지를 읽는 것으로 나타남.

선호하는 잡지 유형으로는 여성 월간지가 48.3%로 가장 높았으며

'패션/섬유지(9.6%)', '시사교양월간지(7.1%)', '시사주간지(6.1%)', '영화/연예주간지(4.9%)' 등의 순임.〈그림 23〉

그림 23 : 선호 잡지 유형

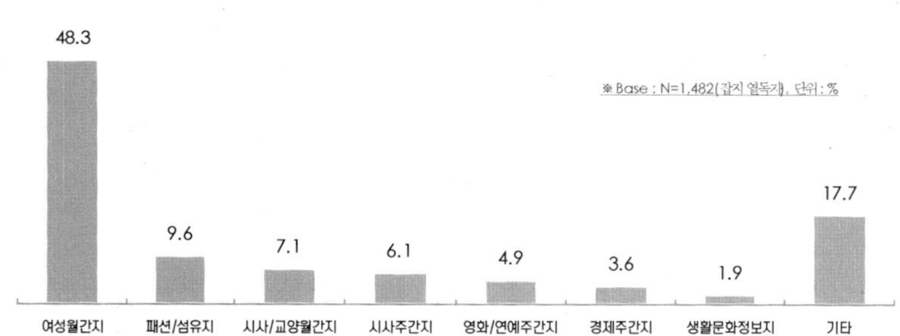

■ 여성과 20대 이하 연령층, '잡지광고' 가장 많이 봐

잡지를 읽는 독자들 중에서 잡지 광고를 본다는 응답자는 62.4%로 나타나, 잡지광고에 대한 주목률이 신문광고 주목률에 비해 20% 가깝게 높았음.〈그림 24〉

성/연령별로는 여성의 광고 주목도가 남자에 비해 월등히 높게 나타났으며, 특히 20대 이하 젊은 층의 잡지광고 주목도가 높았음.

그림 24 : 성/연령별 잡지 광고 주목률

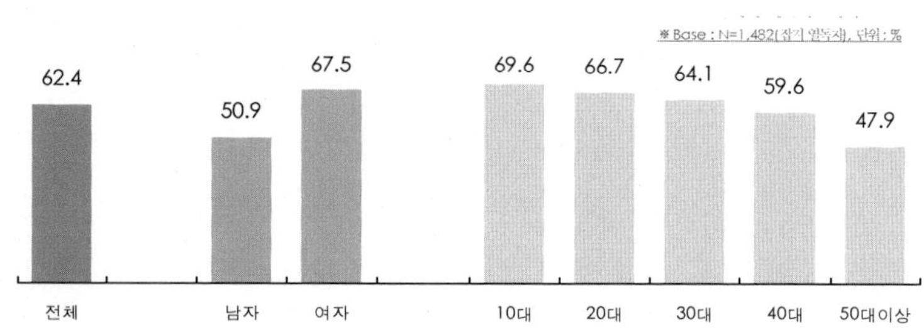

7. 인터넷 이용 행태

■ 국민 10명 중 8명이 인터넷 이용 / 인터넷 이용시간 증가 추세

조사 대상의 약 78.4%가 인터넷을 이용하고 있는 것으로 조사되었으며 인터넷 이용률은 해마다 소폭 증가하는 경향을 보임. 한편, 인터넷 이용자들의 일주일 평균 인터넷 이용시간은 12시간 6분으로 해마다 증가함.〈그림 25〉

그림 25 : 인터넷 이용률 및 일주일 평균 이용시간

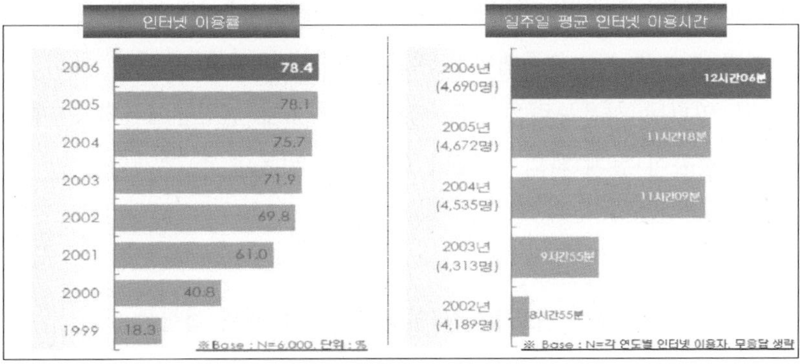

성/연령별로 인터넷 이용률을 살펴보면, 전체적으로 '남자(82.9%)'가 '여자(73.8%)'보다 이용률이 높았으며, 50대이상 고연령층에서 인터넷 이용률이 급격히 감소하는 것으로 조사됨.〈표 3〉

표 3 : 성/연령별 인터넷 이용률

※ Base : N=6,000, 단위 : %

성/연령별 인터넷 이용률	남 자	여 자
전체	82.9	73.8
10대	98.5	97.2
20대	95.5	96.9
30대	93.9	86.8
40대	79.7	68.0
50대이상	47.2	26.0

■ 인터넷을 통한 쇼핑 경험 62.7%, 해마다 증가 추세

　전체 인터넷 사용자 가운데 인터넷 쇼핑을 경험한 사람은 62.7%로 2000년도 인터넷 쇼핑 경험에 관한 최초 조사 이래 4배 이상 증가. 이는 인터넷이 새로운 유통채널로 자리매김하고 있음을 보이며, 특히 구매력과 인터넷 사용능력을 모두 갖춘 20~30대 연령층에서의 인터넷 쇼핑 경험률이 높게 나와, 이들이 인터넷 쇼핑몰의 주 고객임을 알 수 있음.〈그림 26〉

그림 26 : 연도별, 성/연령별 인터넷 쇼핑 경험률

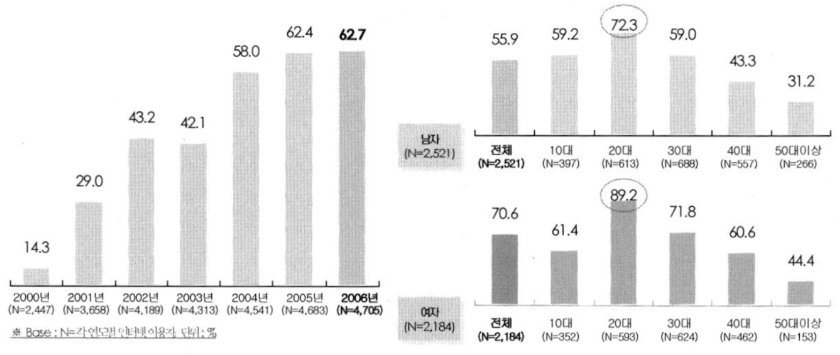

8. 기억에 남는 광고

▣ 유머러스한 광고가 가장 좋아(54.5%)

광고유형별 선호도는 '유머가 있어서 재미있는 광고(89.2%)'가 가장 높았으며, 다음으로 '전통/인간적 유대감을 강조하는 광고(80.4%)', '유아들이나 어린이들이 등장하는 광고(78.2%)', '유명 연예인이 나오는 광고(75.3%)' 등의 순으로 높게 나타남.〈그림 27〉

그림 27 : 광고유형별 선호도

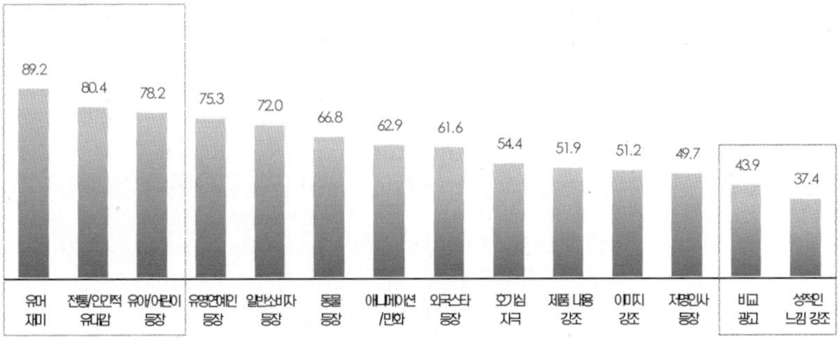

※Base : N=6,000, 단위 : %
※Top3 : '매우 마음에 듦' + '마음에 듦' + '다소 마음에 듦'이라 응답한 사람의 비율

TV에서 광고하는 제품 중 '관심이 많다'는 응답은 '휴대폰(68.3%)'에서 가장 많았으며, 다음으로 '자동차(63.0%)', '컴퓨터(60.9%)', '음료(60.5%)', '식품(60.4%)', '의류(89.8%)', '가전(58.1%)', '유제품(58.0%)' 등의 순으로 조사됨.〈그림 28〉

그림 28 : TV 광고제품별 관심도

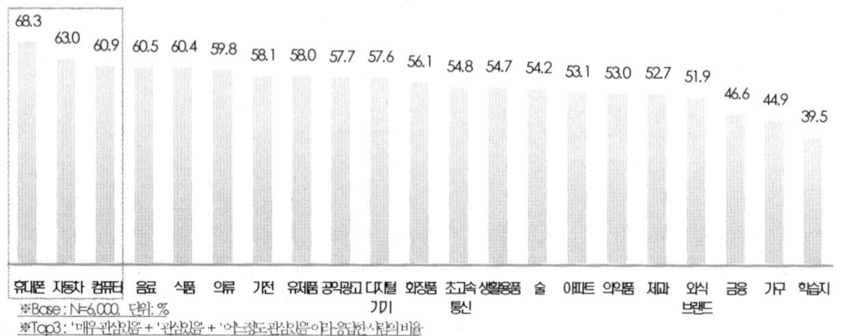

■ 가장 기억에 남는 광고: 미녀는 석류를 좋아해

MCR 조사 당시인 2006년 5월 시점의 소비자들에게 가장 기억에 남는 광고는 '미녀는 석류를 좋아해'(7.5%)광고였던 것으로 나타남. 〈그림 29〉

다음으로는 '애니콜(6.2%)', '스카이(3.7%)', 'LG싸이언(2.7%)', '하이마트(2.7%)', 'SK텔레콤(2.6%)', '돼지바(2.4%)', 'KTF(2.3%)', '휘센(1.9%)', 'S-oil(1.8%)' 등의 순인 것으로 조사됨.

올해에도 전년에 이어 회상률 상위 10위 광고 안에 정보통신 관련 광고가 5개가 포함되는 등 전반적으로 정보통신 관련 광고의 회상률이 높게 나타남.

그림 29 : 가장 기억에 남는 광고 Top 10

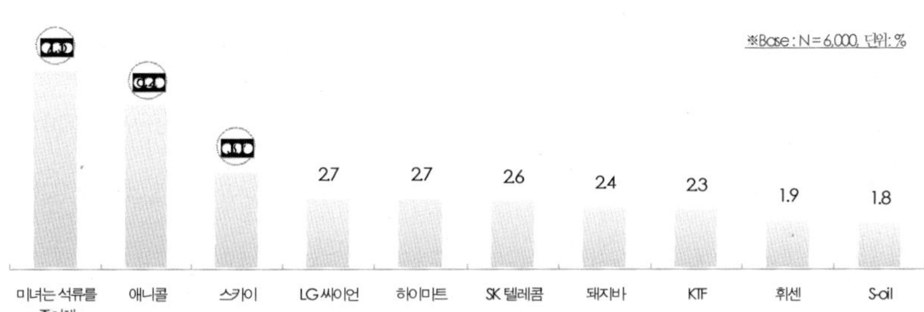

성/연령별 회상률이 높은 광고를 살펴보면, 남자의 경우 10대를 제외하고는 삼성애니콜의 회상률이 모든 연령대에서 가장 높았음.〈표 4〉

한편, 20대 이하에서는 전반적으로 'LG싸이언', '스카이', 'SK텔레콤' 등 휴대폰 및 통신사 광고의 회상률이 높게 나타났으며, 50대 이상에서는 '인사돌', '케토톱', '이가탄' 등 의약품 광고의 회상률이 높았음.

표 4 : 가장 기억에 남는 광고 : 남자

※ Base : N = 3,040(남자)단위 : %

	남자 전체		남 10대		남 20대		남 30대		남 40대		남 50대 이상	
1	애니콜	7.7	미녀는 석류를 좋아해	11.7	애니콜	9.7	애니콜	7.4	애니콜	6.4	애니콜	5.0
2	미녀는 석류를 좋아해	5.1	애니콜	10.9	스카이	6.9	미녀는 석류를 좋아해	4.8	미녀는 석류를 좋아해	3.7	인사돌	3.0
3	스카이	3.6	LG 싸이언	7.2	미녀는 석류를 좋아해	5.8	돼지바	4.1	돼지바	3.4	케토톱	2.7
4	SK 텔레콤	3.0	스카이	6.5	LG 싸이언	4.7	SK 텔레콤	3.5	엑스캔버스	3.4	자이	2.7
5	LG 싸이언	2.9	KTF	4.2	SK 텔레콤	2.8	LG 싸이언	3.0	하이마트	3.1	이가탄	2.5

여성의 경우 50대 이상을 제외하고는 전 연령대에서 '미녀는 석류를 좋아해' 광고를 가장 많이 기억하는 것으로 나타남.〈표 5〉

한편, 20대 이하에서는 휴대폰과 통신사 광고에 대해 높은 회상률을 보였고, 30대 이상에서는 '휘센', '디오스', '지펠' 등 가전제품 광고가 상위권에 포함됨.

통상 주부가 많이 포함된 30대 이상 여성에서 남성에 비해 가전제품, 아파트 등 일상생활과 밀접한 관계를 가지는 제품의 광고가 많이 포함된 것이 특징임.

표 5 : 가장 기억에 남는 광고 : 여자

※ Base : N = 2,960(여자)단위 : %

	여자 전체		여 10대		여 20대		여 30대		여 40대		여 50대 이상	
1	미녀는 석류를 좋아해	12.2	미녀는 석류를 좋아해	19.6	미녀는 석류를 좋아해	12.1	미녀는 석류를 좋아해	9.0	미녀는 석류를 좋아해	9.4	케토톱	6.0
2	애니콜	4.0	애니콜	8.3	스카이	6.5	애니콜	5.6	스카이	4.0	하이마트	4.8
3	스카이	3.9	스카이	6.4	애니콜	5.6	휘센	3.1	하이마트	3.7	미녀는 석류를 좋아해	3.9
4	하이마트	3.1	LG 싸이언	5.2	LG 싸이언	4.1	디오스	2.9	지펠	3.5	인사돌	2.7
5	LG 싸이언	2.3	KTF	4.7	SK 텔레콤	3.4	자이	2.6	휘센	3.4	지펠	2.7

9. 선호 광고 모델

■ 가장 선호하는 모델은 '이영애',

선호하는 광고모델은 2005년에 이어 또다시 '이영애(10.1%)'를 가장 많이 꼽았으며, 다음으로 '이효리(5.5%)', '김태희(5.3%)', '장동건(4.9%)', '전지현(4.7%)', '이준기(4.2%)', '문근영(3.4%)' 등의 순으로 나타남.〈그림 30〉

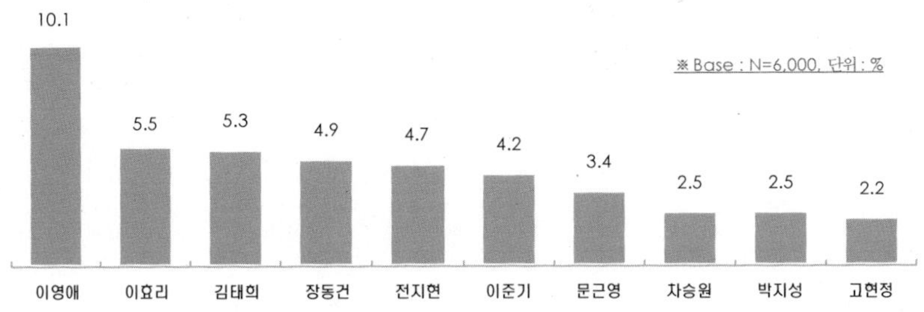

그림 30 : 선호하는 광고모델 Top 10

표 6 : 연도별 선호하는 광고모델 Top 10

순 위	2006년 선호광고 모델	비율 (%)	2005년 선호광고 모델	비율 (%)	2004년 선호광고 모델	비율 (%)	2003년 선호광고 모델	비율 (%)
1	이영애	10.1	이영애	9.5	전지현	10.4	전지현	11.2
2	이효리	5.5	이효리	6.9	이영애	8.8	이영애	6.0
3	김태희	5.3	전지현	6.7	이효리	7.5	안성기	3.6
4	장동건	4.9	김태희	4.2	권상우	7.2	송혜교	3.3
5	전지현	4.7	문근영	3.5	송혜교	3.7	한석규	3.2
6	이준기	4.2	김남주	3.3	김정은	2.6	고소영	2.8
7	문근영	3.4	장동건	3.2	안성기	2.6	배용준	2.8
8	차승원	2.5	송혜교	3.0	비	2.0	이효리	2.6
9	박지성	2.5	비	2.9	장동건	1.9	김남주	2.5
10	고현정	2.2	에릭	2.6	채시라	1.6	장동건	2.2

남자는 30대 이상 연령층에서 '이영애'를 가장 선호하는 것으로 나타났으며, 전체적으로 여성 모델이 상위권에 위치하는 것으로 조사됨.〈표 7〉

표 7 : 선호하는 광고모델 - 남자

※ Base : N = 3,040(남자)단위 : %

	남자 전체		남 10대		남 20대		남30대		남40대		남50대 이상	
1	이영애	9.3	김태희	14.4	전지현	10.7	이영애	10.5	이영애	14.2	이영애	12.3
2	이효리	7.8	문근영	10.9	이효리	10.3	전지현	8.6	이효리	7.3	최불암	8.3
3	전지현	6.7	전지현	8.7	김태희	9.2	이효리	8.0	박지성	5.7	이효리	4.8
4	김태희	6.5	이효리	8.7	이영애	5.8	김태희	7.6	전지현	4.1	박지성	4.3
5	박지성	4.3	이준기	6.2	문근영	4.5	문근영	3.8	차승원	4.1	고두심	3.9

여성도 남성과 마찬가지로 30대 이상 연령층에서 '이영애'에 대한 선호도가 가장 높았으며, 20대 이하에서는 '이준기'를 가장 좋아하는 것으로 조사됨.〈표 8〉

표 8 : 선호하는 광고모델 - 여자

※ Base : N = 2,960(여자)단위 : %

	여자 전체		여10대		여 20대		여 30대		여 40대		여 50대 이상	
1	이영애	10.9	이준기	17.4	이준기	9.8	이영애	13.5	이영애	14.6	이영애	11.6
2	이준기	6.5	김태희	8.0	이영애	8.2	장동건	9.5	장동건	6.8	고두심	9.7
3	장동건	6.3	전지현	7.7	장동건	6.5	이준기	5.1	고현정	4.9	김혜자	6.1
4	김태희	4.1	이효리	5.2	김태희	5.1	고현정	4.6	이준기	3.5	장동건	3.9
5	고현정	3.2	송혜교	4.7	조인성	4.1	김태희	4.2	김남주	3.5	고현정	3.1

10. 2006년 한국인의 라이프스타일

■ 2006년 한국인, '가구소득' - '생활비' - '개인 용돈' 증가 추세

2006년도 MCR 설문응답자(6,000명)를 대상으로 조사한 결과에 따르면 2006년도 월평균 가구소득은 360만 원으로 나타남. 이는 전년 319만 원에 비해 41만 원가량 증가(전년 대비 12.9% 증가)한 것.〈그림 31〉

1999년 조사 이후 가구소득이 계속해서 증가하는 추세이며, 이처럼 가구 소득이 늘어남에 따라 월평균 가구소득이 300만 원 이상인 가구는 전년대비 증가(42.1%→50.8%)하였고, 300만원 미만인 가구는 감소(51.6%→39.0%)함.

그림 31 : 연도별 월평균 가구소득

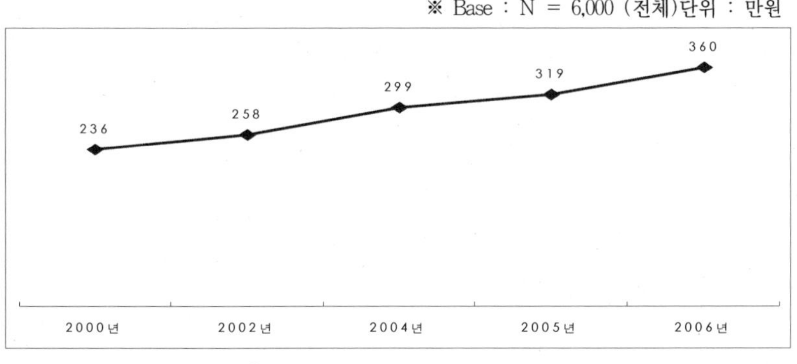

가구소득의 증가에 따라 월평균 생활비도 증가하는 추세로, 기혼자를 대상으로 월평균 생활비를 조사한 결과 월평균 200만 원 이상 지출 가구의 비율이 전년대비 증가(35.3%→37.9%)함.〈그림 32〉

구체적으로 살펴보면 2006년도 월평균 생활비는 167만 원으로 전년도 158만 원에 비해 9만 원(5.7%증가) 증가한 것으로 나타남.

이러한 월평균 생활비 지출 증가율은 월평균 가구소득 증가율(12.9%)보다 낮은 수준으로, 국민들은 가구소득 증가 수준에 비해 다소 긴축적인 생활을 하고 있는 것으로 분석됨.

그림 32 : 연도별 월평균 생활비

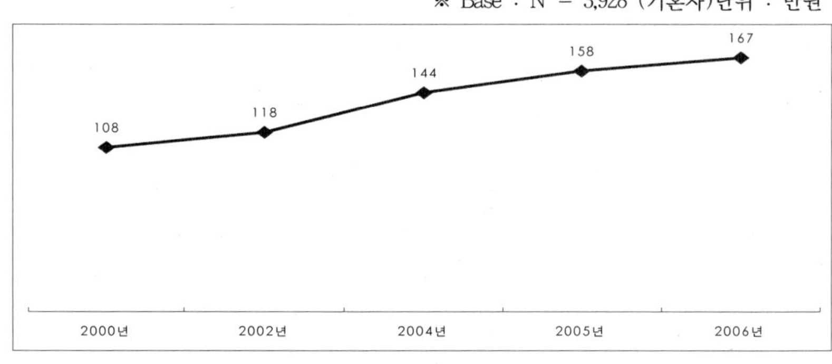

기혼자들의 작년 대비 주요 지출변화는 '세금 및 공과금', '교육', '통신', '교통비' 순이었으며, 현재 소득수준이 높을수록 '교육'과 '세금'의 지출이 증가했다는 응답이 높게 나타남.〈그림 33〉

그림 33 : 지출 항목별 가구 지출변화

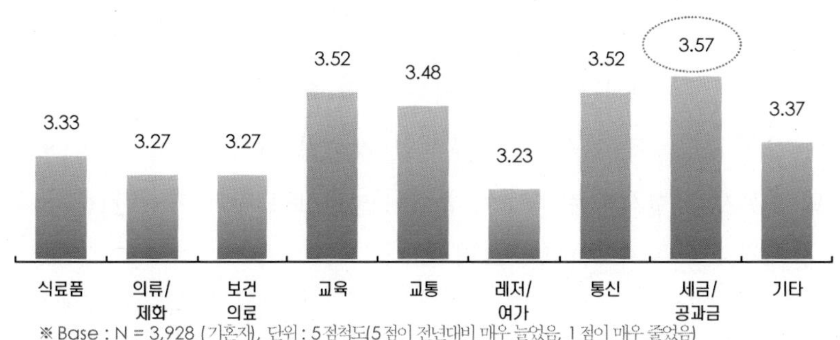

한편, 월평균 개인 용돈지출액을 조사한 결과 평균 30만 원을 용돈으로 지출하는 것으로 나타나 가구소득, 생활비 지출과 함께 용돈 지출 규모도 해마다 증가하는 경향을 보임.〈그림 34〉

그림 34 : 연도별 월평균 용돈 지출

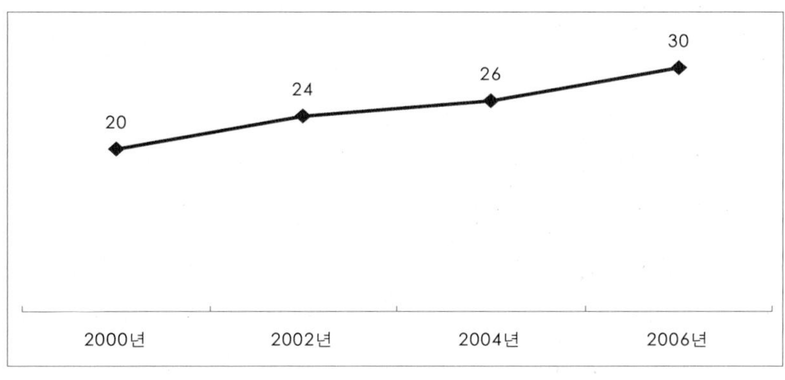

■ 국민 여가시간, 증가 추세-토요일 여가시간의 증가 폭 커

전체적으로 여가시간(특별히, 정해진 일 없이 마음대로 행동할 수 있는 모든 시간)이 계속 증가 추세인 것으로 나타났으며 특히, 최근 토요 휴무제를 실시하는 직장이 늘어나면서, 토요일 여가시간 증가 폭이 상대적으로 높게 나타남.〈그림 35〉

그림 35 : 평일 및 주말 여가시간 추이

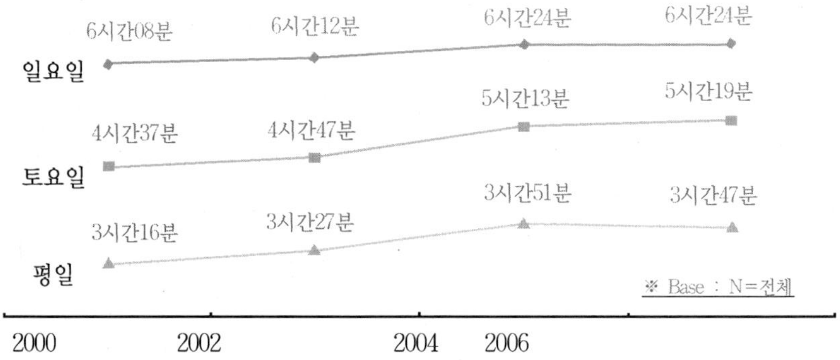

여가시간에 가장 많이 하는 일은 'TV 시청(25.5%)'인 것으로 나타났으며, '인터넷, 게임 등 PC(14.5%)', '등산(8.8%)', '수면(5.9%)' 등의 순으로 높게 나타남.〈그림 36〉

한편, 요즘 가장 관심을 갖고 있는 것은 '건강(27.7%)'이라는 응답이 가장 많았으며, 다음으로 '자녀양육(14.5%)', '재산증식(9.1%)' 등의 순으로 높았음.

그림 36 : 여가시간 활용 Top 10

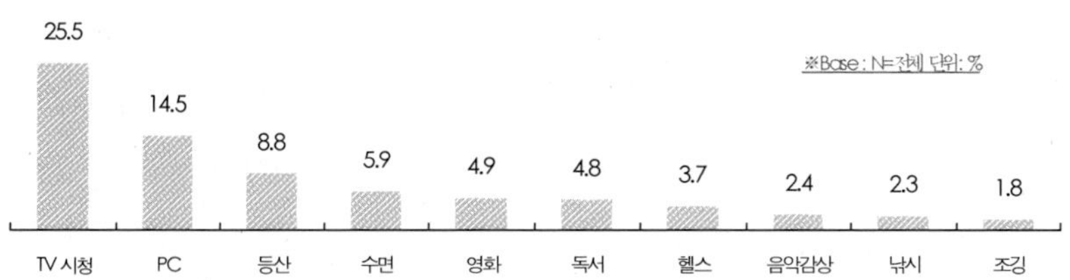

성/연령별로 여가시간에 하는 일을 살펴보면, 남자 30대 이상 연령층과 여성 전 연령층에서 'TV 시청'이라는 응답이 가장 많았으며, 남자 20대 이하에서 '인터넷, 게임 등 PC'라는 응답이 가장 많았음.〈표 9〉

표 9 : 성/연령별 주 여가 활동

	전체	남자						여자					
		전체	10대	20대	30대	40대	50대이상	전체	10대	20대	30대	40대	50대이상
사례수(명)	6,000	3,040	403	642	733	699	563	2,960	362	612	719	679	588
TV 시청	**25.5**	**19.6**	7.9	11.2	**22.6**	**23.3**	**29.1**	**31.5**	**28.5**	**26.3**	**30.7**	**29.6**	**41.8**
PC(게임,인터넷등)	14.5	19.1	**46.7**	**34.7**	14.9	7.2	1.8	9.7	**27.9**	18.3	6.7	2.9	1.0
등산	8.8	10.4	0.7	1.7	8.3	16.9	21.7	7.2	-	1.5	7.0	10.8	13.8
수면(낮잠)	5.9	5.4	2.7	3.0	7.0	6.7	6.6	6.3	5.8	3.8	7.0	6.6	8.2
영화	4.9	3.9	6.0	7.9	4.0	1.7	0.7	5.8	6.1	17.8	3.5	2.2	0.2
독서	4.8	3.0	3.2	3.4	3.0	3.3	1.8	6.6	6.6	5.6	8.6	8.1	3.6
헬스(기구운동)	3.7	3.9	0.2	6.1	4.6	4.6	2.1	3.5	0.8	2.0	4.6	5.9	2.6
음악감상	2.4	0.9	2.0	0.8	1.1	0.4	0.4	3.9	9.9	6.9	2.4	2.4	0.9
낚시	2.3	4.2	0.2	2.5	5.3	5.3	6.0	0.3	0.3	0.3	0.3	0.3	0.3
조깅	1.8	1.5	0.5	0.6	1.4	1.7	3.0	2.0	-	0.3	1.7	4.1	3.1
가정용TV 게임	1.7	2.5	4.0	4.4	2.0	1.6	0.9	0.9	0.8	1.5	1.3	0.9	-
축구	1.7	3.2	4.5	3.1	4.2	3.1	1.1	0.1	0.3	0.2	0.1	0.1	-
노래부르기	1.6	1.6	4.7	1.6	1.2	1.0	0.5	1.6	5.0	1.3	1.3	0.7	1.4
골프	1.3	2.2	-	0.6	2.2	4.6	2.7	0.4	-	0.3	0.4	1.2	-
수영	1.3	0.6	-	0.6	0.8	0.7	0.5	1.9	0.6	1.0	2.4	2.5	2.6
기타	16.0	16.4	15.6	16.1	15.5	16.0	18.4	15.3	6.8	11.5	19.2	18.2	17.0
없다	2.2	1.9	0.5	2.2	1.6	1.6	3.2	2.5	0.8	1.8	2.8	2.8	3.7

▣ 여유자금 보유 시, '부동산'과 '저축/적금'에 투자하고 싶어

현재 재테크를 하고 있다고 응답한 기혼자 3,480명이 가장 많이 하고 있는 재테크 방법은 '은행저축/적금(92.7%)'이었으며, '연금/보험(72.1%)', '부동산(28.7%)', '주식(16.8%)' 등의 순으로 많았음. 한편, 여유자금이 생긴다면 투자하고 싶은 분야로는 '부동산(43.7%)'과 '은행저축/적금(36.4%)'을 가장 많이 꼽아, 그간의 부동산에 대한 기대심리를 보여 줌.〈그림 37〉

그림 37 : 현재 재테크 방법 및 여유자금 보유 시 재테크 희망 방법

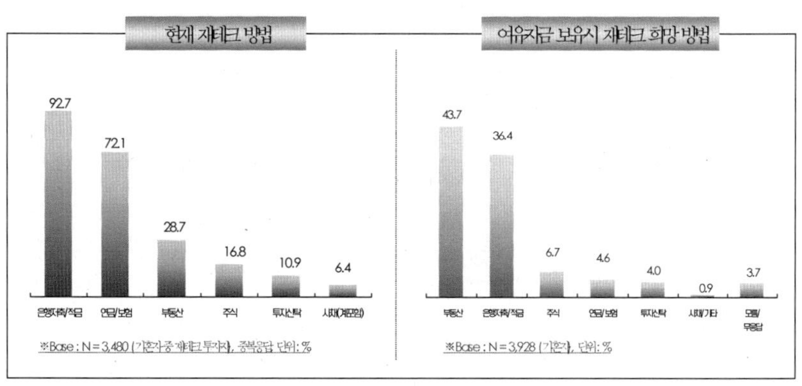

▣ 한국인의 라이프스타일, '실용적 가정 중시형'이 가장 많아

응답자 라이프스타일을 '요인 분석(Factor Analysis)'과 '군집 분석(Cluster Analysis)'을 통해 그룹 분류를 시도한 결과 '실용적 가정중시형(19.4%)'이 가장 많았으며, '보수적 현실순응형(19.1%)', '안정적 사회리더형(17.4%)' 등의 순이었음.〈그림 38〉

그림 38 : 응답자 라이프스타일 분류

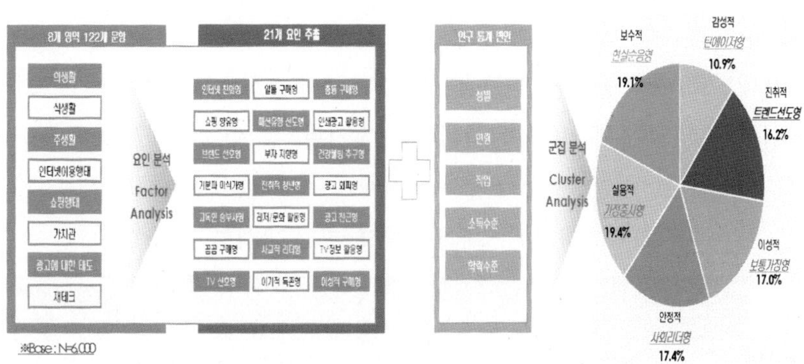

'실용적 가정중시형' 라이프스타일은 30~40대 여성, 특히 주부들 사이에서 주로 발견되는데, TV시청을 즐기고, 꼼꼼하고 합리적인 구매 행동을 보이며, 자녀 및 건강, 재산 등 가정 문제에 관심이 많은 것으로 나타남.〈그림 39〉

그림 39 : '실용적 가정중시형' 라이프스타일 응답자 특성

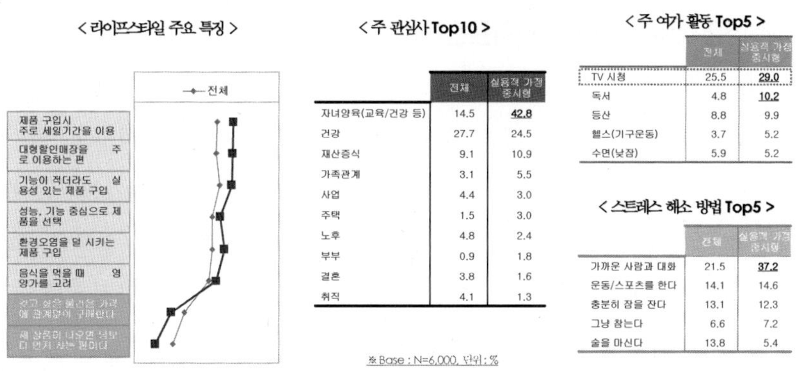

■ 제품 광고 관심도는 휴대폰 〉 자동차 〉 컴퓨터 〉 화장품 순

세대별로 제품광고 관심도를 살펴보면, 전반적으로 휴대폰 광고에 관심이 높은 가운데 약간의 차이점이 발견됨. 〈그림 40〉

그림 40 : 세대별 제품 광고 관심도

	휴대폰	자동차	컴퓨터	화장품	의류	가전	디지털기기	음료	식품	유제품	초고속통신	생활용품	아파트	공익광고	술	의약품	제과	외식브랜드	금융	가구	학습지
전체 (n=6,000)	37.8	31.9	29.9	28.7	28.3	25.7	25.2	24.7	24.7	23.9	23.8	23.1	23.0	22.4	22.2	21.3	20.6	20.4	17.7	16.5	14.8
1318세대 (n=615)	63.2	20.3	44.9	22.9	37.4	18.6	39.5	44.9	31.8	33.2	38.9	22.9	11.1	19.0	13.3	9.4	47.9	36.3	10.6	11.9	11.7
1924세대 (n=711)	56.2	35.5	41.9	37.5	40.5	21.5	37.9	35.9	30.2	27.8	35.4	27.7	18.4	22.5	27.1	17.4	26.1	34.8	14.0	17.8	9.7
2529세대 (n=693)	47.6	37.5	35.7	34.3	34.8	30.6	31.2	27.0	28.0	22.8	24.8	29.5	22.3	22.8	30.4	20.6	21.2	27.9	18.2	16.8	14.2
3039세대 (n=1,452)	37.8	37.4	32.7	31.7	29.1	30.2	26.5	22.7	25.8	26.0	24.7	24.3	28.7	23.9	23.0	22.3	18.1	19.0	20.1	20.0	22.0
4049세대 (n=1,378)	28.1	33.4	23.3	28.4	23.7	28.0	19.0	18.6	21.9	21.9	18.5	21.9	26.9	22.4	22.0	22.9	15.5	12.6	20.5	15.6	16.9
5059세대 (n=844)	19.6	25.6	16.2	20.7	17.3	22.4	13.0	15.6	17.6	18.1	14.8	17.4	22.4	21.7	18.3	26.7	11.8	9.8	17.7	14.9	8.4
6064세대 (n=307)	14.7	17.9	14.1	16.6	12.0	15.9	8.1	14.3	15.3	13.7	7.8	13.4	15.3	21.5	15.6	30.3	11.4	7.5	14.3	13.1	8.5

※Base : N=각 세대별 표본수 단위 % ※관심도 '관심있음'+'매우 관심있음'에 응답한 사람의 비율

■ 30~39세 세대의 라이프스타일

표본 응답자 중 가장 많은 3039세대의 매체 접촉률은 '지상파 TV'가 압도적으로 높았으며, 남자는 '뉴스/보도' 프로그램을 여자는 '드라마'를 선호했음. 한편, 남자는 '자동차' 〉 '휴대폰' 〉 '컴퓨터' 순으로 제품 광고에 관심이 많았으며, 여자는 '화장품' 〉 '의류' 〉 '가전제품' 〉 '생활용품' 〉 '아파트' 순으로 제품 광고에 관심이 많았음. 〈그림 41〉

그림 41 : 3039세대의 라이프스타일

< 심리적 라이프스타일 유형 >

감성적 틴에이저형
진취적 트랜드선도형 — 3039남 7.4 / 3039여 4.3
이성적 보통가장형 — 3039남 50.5 / 3039여 19.1
안정적 사회리더형 — 3039남 25.2 / 3039여 15.9
실용적 가정중시형 — 3039남 13.5 / 3039여 55.1
보수적 현실순응형 — 3039남 3.4 / 3039여 5.7

< 매체 접촉 행태 >

3039남 / 3039여 / 전 세대 평균

TV 98.8 / 98.7
라디오 54.9 / 38.7
신문 72.2 / 51.5
잡지 39.5 / 16.9
인터넷 93.9 / 86.8
케이블 73.7 / 71.9

※Base : N=6,000, 단위 : %

< 선호프로그램 유형 Top5 >

프로그램	전 세대 평균	3039남	3039여
드라마	32.0	11.3	**59.7**
뉴스/보도	25.3	**38.0**	13.2
쇼/오락	21.4	18.5	13.0
스포츠	6.6	16.3	0.1
다큐멘터리	4.5	5.8	4.6

(TV)

< 제품 광고 관심도 Top5 >

3039남		3039여	
자동차	47.9	화장품	45.9
휴대폰	41.9	의류	41.0
컴퓨터	39.6	가전	37.6
디지털기기	29.7	생활용품	35.8
초고속통신	28.0	아파트	33.8

■ 세대별 매체 접촉 및 생활시간

세대별로 매체접촉 및 생활시간의 특성을 살펴보면, 주로 '지상파 TV'의 접촉 시간이 많은 가운데, 약간의 차이점이 발견됨. 〈그림 42〉

그림 42 : 세대별/시간대별 매체접촉 및 생활시간

	AM6	7	8	9	10	11	정오	PM1	2	3	4	5	6	7	8	9	10	11	자정	AM1	2	3	4	5

※평일 기준

1318세대 남자 — 수면 / 식사·이동 / 학업 / 식사 / 학업 / 식사·이동 / 학업 / 휴식 / 수면 / TV 시청·인터넷

1318세대 여자 — 수면 / 식사·이동 / 학업 / 식사 / 학업 / 식사·이동 / 학업 / 휴식 / 수면 / TV 시청

150

	AM6	7	8	9	10	11	정오	PM1	2	3	4	5	6	7	8	9	10	11	자정	AM1	2	3	4	5

1924세대 남자 (※ 평일 기준): 수면 · 식사/이동 · 근로/학업 · 식사 · 근로/학업 · 식사/이동 · TV 시청 / 인터넷 · 휴식/사교 · 수면

1924세대 여자: 수면 · 식사/이동 · 근로/학업 · 식사 · 근로/학업 · 식사/이동 · 휴식/사교 · 수면 · TV 시청 (오전) · TV 시청 (저녁)

2529세대 남자 (※ 평일 기준): 수면 · 식사/이동 · 근로/학업 · 식사 · 근로/학업 · 식사/이동 · 휴식/사교 · 수면 · TV (오전) · TV 시청 (저녁)

2529세대 여자: 수면 · 식사/이동 · 가사 · 노동/근로 · 식사 · 노동/근로 · 식사/이동 · 가사 · 휴식 · 수면 · TV 시청 (오전) · TV 시청 (저녁)

3039세대 남자 (※ 평일 기준): 수면 · 식사 · 이동 · 노동/근로 · 식사 · 노동/근로 · 퇴근 · 식사 · 휴식/사교 · 수면 · TV · 라디오 · 일간신문 (오전) · TV 시청 (저녁)

3039세대 여자: 수면 · 가사 · 식사 · 노동/근로 · 식사 · 노동/근로 · 퇴근 · 식사 · 가사 · 휴식 · 수면 · TV 시청 (오전) · TV 시청 (저녁)

4049세대 남자 (※ 평일 기준): 수면 · 식사 · 이동 · 노동/근로 · 식사 · 노동/근로 · 퇴근 · 식사 · 휴식/사교 · 수면 · TV · 라디오 · 일간신문 (오전) · 라디오 · TV 시청 (저녁)

4049세대 여자: 수면 · 가사 · 식사 · 가사 · 식사 · 휴식 / 취미 · 가사 · 식사 · 가사 · 휴식 · 수면 · TV 시청 (오전) · 라디오 · TV 시청 (저녁)

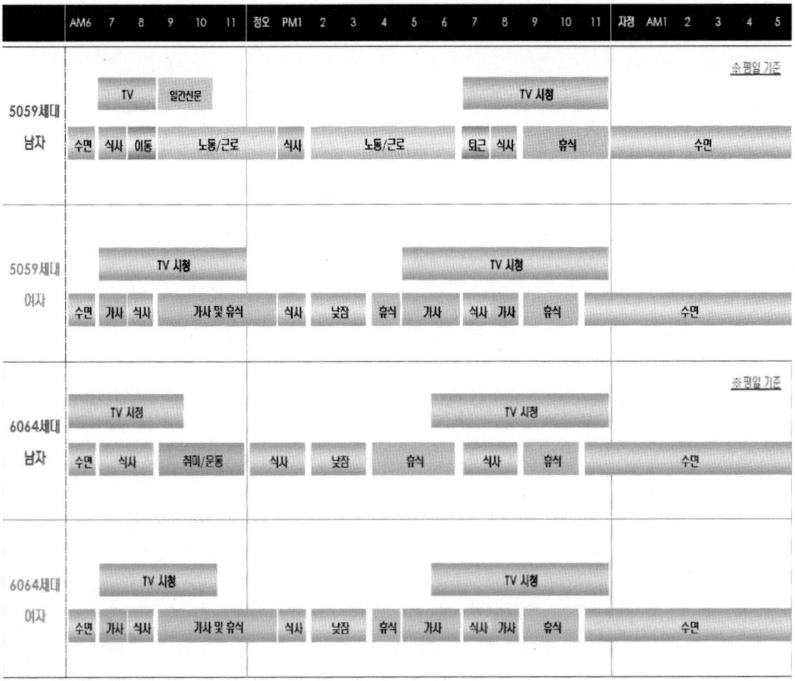
AM6 7 8 9 10 11 정오 PM1 2 3 4 5 6 7 8 9 10 11 자정 AM1 2 3 4 5
※ 평일 기준
5059세대 남자
TV
일간신문
TV 시청
수면
식사
이동
노동/근로
식사
노동/근로
퇴근
식사
휴식
수면
5059세대 여자
TV 시청
TV 시청
수면
가사
식사
가사 및 휴식
식사
낮잠
휴식
가사
식사
가사
휴식
수면
※ 평일 기준
6064세대 남자
TV 시청
TV 시청
수면
식사
취미/운동
식사
낮잠
휴식
식사
휴식
수면
6064세대 여자
TV 시청
TV 시청
수면
가사
식사
가사 및 휴식
식사
낮잠
휴식
가사
식사
가사
휴식
수면
※ 평일 기준

· 저자 ·

전영범   ·약 력·

　고려대 철학과
　한양대 신문방송학(석사)
　한양대 신문방송학 박사과정

　한국방송광고공사 재직
　ybjun@kobaco.co.kr

·주요논저·

『영화와의 커뮤니케이션』(비엘프레스)
외 다수

매체환경 변화와 지상파 방송의 활로

지 상 파 3 사 의 사 업 다 각 화 를 중 심 으 로

· 초판 인쇄	2007년 8월 1일
· 초판 발행	2007년 8월 1일
· 지 은 이	전영범
· 펴 낸 이	채종준
· 펴 낸 곳	한국학술정보㈜
	경기도 파주시 교하읍 문발리 526-2
	파주출판문화정보산업단지
	전화 031) 908-3181(대표) · 팩스 031) 908-3189
	홈페이지 http://www.kstudy.com
	e-mail(출판사업부) publish@kstudy.com
· 등 록	제일산 115호(2000. 6. 19)
· 가 격	20,000원

ISBN   978-89-534-7093-4 93070 (Paper Book)
　　　　978-89-534-7094-1 98070 (e-Book)